AF292816

Voyager léger

Corona - une clé de transformation

Kerstin Chavent

Voyager léger

Corona – une clé de transformation

Couverture Christ Mattia : http://christmattia.com

Édition : BoD – Books on Demand
12/14 rond-point des Champs-Élysées, 75008 Paris
Impression : BoD - Books on Demand,
Norderstedt, Allemagne

Publications

In guter Gesellschaft. Wie Mikroben unser Überleben sichern, Scorpio 2020

Sur la Place, BoD 2020

Nur Mut! Wenn wir uns verändern, verändert das die Welt, Rubikon Betriebsgesellschaft 2019

Und freitags kommt der Austernwagen, BoD 2019

Die Waffen niederlegen. Die Botschaft der Krebszellen verstehen, Scorpio 2019

La feuille qui ne voulait pas tomber de l'arbre, BoD 2018

Was wachsen will muss Schalen abwerfen. Die Enthüllung eines Krustentieres, BoD 2018

Das Licht fließt dahin, wo es dunkel ist. Zuversicht für eine neue Zeit, Europa-Verlag 2017

Traverser le miroir. De la peur du cancer à la confiance en la vie, L'Harmattan 2016

La maladie guérit. De la pensée créatrice à la communication avec soi, Quintessence 2014

Krankheit heilt. Vom kreativen Denken und dem Gespräch mit sich selbst, Omega 2014

Merci !
Claude, Florence, Isa, Guilhem et à tous les autres
pour leur aide et leur inspiration

La nature ne semble guère capable de donner que des maladies assez courtes. Mais la médecine s'est annexé l'art de les prolonger. Les remèdes, la rémission qu'ils procurent, le malaise que leur interruption fait renaître, composent un simulacre de maladie que l'habitude du patient finit par stabiliser, par styliser/.../ Puis les remèdes agissent moins, on les augmente, ils ne font plus aucun bien, mais ils ont commencé à faire du mal grâce à cette indisposition durable. La nature ne leur aurait pas offert une durée si longue. C'est une grande merveille que la médecine, égalant presque la nature, puisse forcer à garder le lit, à continuer sous peine de mort l'usage d'un médicament. Dès lors, la maladie artificiellement greffée a pris racine, est devenue une maladie secondaire mais vraie, avec cette seule différence que les maladies naturelles guérissent, mais jamais celles que crée la médecine, car elle ignore le secret de la guérison.

Marcel Proust, A la recherche du temps perdu, tome XI

Contenu

A la recherche de la source cachée

L'humanité est en train de traverser des moments à la fois difficiles et extraordinaires. La vie telle que nous la connaissions n'existe plus et ne reviendra pas. Comme l'acte de terreur qui a irrévocablement transformé le monde en septembre 2001, vingt ans plus tard, il existe un temps avant Corona et un temps après. Nous avons tous ensemble un deuil à faire et nous sommes tous profondément troublés et bouleversés. Les uns s'inquiètent du virus, les autres de la situation économique, d'autres encore voient dans les événements la préparation d'un nouvel ordre mondial destructeur. La question essentielle n'est pas qui a tort et qui a raison mais comment nous pouvons, chacun à sa façon, arriver à rester debout dans la tempête. Comment ne pas se laisser emporter par les restrictions, les pénalisations et les confrontations qui nous heurtent et nous divisent ?

Comment ne pas tomber dans le fossé entre les extrêmes et retrouver un équilibre qui nous permet d'avancer ensemble ? Nous voici devant un défi jamais expérimenté. Jamais l'humanité entière n'a été si profondément touchée par un seul événement : la découverte d'un virus potentiellement mortel. Ce virus nous fait prendre conscience qu'il n'existe aucun endroit sur terre vers lequel nous pouvons nous enfuir. Nous trouvons les mêmes scénarios quasiment partout. Comme le changement climatique, comme l'extinction des espèces, comme les forêts qui meurent, le virus nous concerne tous. Mais contrairement aux autres catastrophes, ce virus nous fait réagir.

Nous sommes tous secoués. Autour de nous règne une confusion que les différents décrets et lois décidés sans consulter aucune des instances démocratiques, ne font qu'aggraver. Le monde qui, pour la plupart des habitants des pays riches, était routine, confort et divertissement, s'est retrouvé sens dessus-dessous. Nous ne savons littéralement plus où est la droite et où est la gauche. Les événements nous font tourner la tête : qu'est-ce qui est vérité ? Qu'est ce qui est mensonge ? A qui faire confiance ? Qui croire ? Est-ce qu'il y a un pilote dans l'avion ? En même temps que le pouvoir et le capital se concentrent dans quelques mains, les autorités traditionnelles sont mises en question. Quels intérêts gouvernent nos politiques, notre médecine, notre science ? Quel vent souffle sur les décisions qui prétendent assurer la sécurité et la santé collectives ?

Nous vivons l'époque d'une profonde mise en question de ce qui nous a rassuré pendant longtemps. Sommes-nous sur le bon chemin ? La technologie que nous avons mise en place sert-elle vraiment la vie ? Le vaccin sera-t-il le seul remède pour nous redonner nos droits et nos libertés ? Sommes-nous prêts à payer le prix fort en laissant modifier notre ADN ? Allons-nous prendre le risque de nous transformer en organismes génétiquement modifiés ? Croyons-nous que nous puissions y échapper ? Pensons-nous que les systèmes totalitaires, c'est pour les autres ? Qui aurait cru, il y a quelques mois seulement, quand on nous disait encore que le masque ne servait à rien, qu'en fin de compte ce masque allait faire partie de notre quotidien ?

A chacun de trouver sa réponse. Seulement : dans quelles sources boire pour trouver la bonne ? Dans une culture où les grands médias appartiennent tous à de grands entrepreneurs, nous pouvons être sûrs que l'on nous cache ce que nous n'avons pas à savoir. Sur nos plateformes télévisées et nos antennes radios nous n'entendons aucun vrai débat. Les médecins et les scientifiques qui contestent le narratif officiel n'ont pas droit à la parole ou sont invités pour se faire démonter. Nous n'avons qu'à avaler les informations que l'on nous répète sans cesse : le virus est très dangereux, les moyens sont limités, il faut obéir aux règles que l'on nous impose même si elles sont souvent absurdes et dénuées de bon sens.

Les techniques de communication modernes permettent un arrosage permanent et ciblé avec ce que l'on veut que nous sachions. Ces informations nous servent-elles ? Que nous apportent-elles ? Avons-nous moins de soucis ? Nous sentons-nous plus en sécurité ? Nous aident-elles à vivre mieux ? Car sinon, à quoi bon les entendre ? Pourquoi se faire du mal ? Pourquoi ne pas sortir, prendre l'air sans regarder l'heure, sentir le soleil sur la peau, entendre le vent dans les arbres et le chant des oiseaux dans le ciel, parler avec les voisins, prendre un verre à la terrasse d'un café, partager un bon repas entre amis, aller écouter un concert, organiser une fête de quartier, se réunir pour une grande fête de famille ? Tout cela nous fait tellement de bien ! Passer du temps avec ceux que nous aimons, rire, chanter, manger ensemble, se rencontrer, partager ce que nous avons de meilleur. Mais c'est justement tout ce qui nous fait plaisir qui nous est désormais interdit.

Nous suivons les instructions car nous croyons que c'est pour notre bien. Dans notre pensée, la cause justifie tous les moyens. Nous ne mettons pas en question nos vieilles convictions. Tout en pensant le contraire, nous sommes devenus des croyants fervents. Nous croyons en la science et en la médecine industrielle. Nous croyons au progrès et à la croissance. Nous croyons en une technologie qui nous garantit le confort et une vie plus longue, en la loi du plus fort et en notre propre impuissance. Nous croyons que nous avons toujours besoin de quelqu'un pour résoudre nos problèmes. D'autres s'occupent de nos affaires. Au même rythme que nous avons perdu les liens avec la nature et les autres êtres vivants, nous sommes devenus de plus en plus dépendants de ceux qui nous vendent leurs produits et leurs services.

En oubliant l'interdépendance de tout ce qui existe dans notre univers, nous avons perdu notre autonomie et notre pouvoir. D'autres décident à notre place. Le modèle économique que nous avons tous développé ensemble se nourrit de nos faiblesses et de notre sensation de manque permanent. C'est ainsi que nous avons créé un monde de guerres. Nous luttons contre nos voisins et contre les terroristes, contre la faim et contre les injustices, contre les cellules malignes et contre les microorganismes, cette « petite vie » dont font partie les virus. Mais nos problèmes ne sont jamais résolus. Une guerre en provoque toujours une autre. Nous ne pouvons pas trouver les solutions là où les problèmes ont été créés. Il faut regarder ailleurs. Si nous voulons vraiment vivre en paix, il est nécessaire de nous changer les idées et de briser les chaînes qui nous attachent à une pensée qui, au fond, justifie toute forme de domination et de violence.

Corona met en évidence que notre ancienne vie est finie. Nous avons le choix maintenant de basculer dans une dictature de la santé, un techno-fascisme transhumaniste prêts à commettre les pires des crimes contre l'humanité - ou trouver à la fois le courage et l'humilité de nous ouvrir pour une nouvelle vision de l'humain et de la vie. Après avoir traversé la maladie du cancer, je sais que ce qui est malade peut guérir. J'ai fait l'expérience que ce qui a été perdu peut être retrouvé et que les déchirures peuvent cicatriser. Nous pouvons retrouver notre autonomie et avec elle notre créativité qui nous permet de construire un autre monde ensemble. Nous pouvons trouver la paix si nous réalisons que, avec tout ce qui vit, nous sommes une seule famille. Dans une famille, on peut claquer la porte et changer de compartiment – mais nous voyageons toujours dans le même train.

Ceci est alors l'esquisse de ce qui pour beaucoup peut paraître impossible : un chemin pour vivre dans un monde où les uns respectent les autres et où chacun a sa place et la possibilité de s'épanouir. Pour y arriver, nous avons besoin d'un cœur ouvert et d'un esprit curieux. Il nous faut aussi de la souplesse et de la bienveillance. Le défi est à la hauteur de ce que nous risquons : la disparition de l'être humain de la terre. La traversée ne sera pas toujours facile. Mais je vous le promets : je sais trouver de la lumière là où l'on ne la soupçonne pas.

Homo homini virus est ?

Aussi loin que remonte notre mémoire, l'homme pense être l'ennemi de l'homme. Cette idée a façonné notre histoire. A partir d'elle est née une longue enfilade de confrontations, de séparations, de divisions et de guerres. Nous nous affrontons toujours avec ceux qui, en réalité, sont nos frères et nos sœurs. Aujourd'hui et face au danger d'une pandémie, les défenses et les barrières que nous montons les uns contre les autres atteignent leur apogée : nous nous enfermons chez nous, nous nous isolons, nous ne nous embrassons plus, nous ne nous donnons plus la main, nous ne nous invitons plus, nous ne nous réunissons plus. Les porteurs de virus que nous sommes devenus sont comme des bombes à retardement, un danger potentiellement mortel pour l'autre.

A tout prix, il faut nous protéger contre notre propre espèce. Les mesures prises prennent en otage la terre entière. Les yeux rivés sur nos écrans, nos espoirs se tournent vers l'industrie pharmaceutique, aujourd'hui une des branches économiques les plus puissantes de la planète. Notre science nous sauvera-t-elle ? Le vaccin sera-t-il trouvé à temps pour nous libérer de nos prisons et de nos peurs ? Nous laisserons-nous transformer délibérément en OGM ? Serons-nous prêts à sacrifier notre humanité pour gagner quelques mois de tranquillité relative ? Car les experts de la santé sont formels : la protection à cent pour cent n'existe pas. L'efficacité du vaccin que l'on trouvera contre le SARS-CoV-2 devenu *la* Covid sera limitée. Nous ne serons donc pas libérés des masques et des barrières, des confinements et des couvre-feux, des fermetures et des interdictions de nous réunir.

Dans quel sens va l'humanité aujourd'hui ? Optons-nous pour la guerre contre la (petite) vie, pour la séparation, pour une technologie qui vise à maîtriser le naturel, pour un transhumanisme qui tentera d'éliminer définitivement le vivant ? Ou décidons-nous de nous souvenir de nos origines, de respecter le rythme de la nature et de ses cycles de vie, de nous incliner devant plus grand que nous et de prendre la responsabilité pour notre propre vie ? C'est un virus qui nous pose ces questions. Qu'allons nous répondre ? Allons-nous prendre en main la couronne qui nous est proposée ou allons-nous nous rendre à l'esclavage ?

Jeux d'ombres

Aussi loin que remonte notre mémoire, l'Homme se méfie de son prochain. A peine les premiers humains avaient-ils laissé derrière eux le paradis de l'unité que leurs fils commençaient à s'entretuer : l'autre ce n'est pas moi. *Homo homini lupus est* - l'homme est un loup pour l'homme. Le titre d'une comédie du poète romain Plautus repris par le philosophe anglais Thomas Hobbes s'est gravé dans la mémoire collective. Les stigmates de ce que nous avons de plus bas ont profondément imprégnés les esprits des Lumières. Aujourd'hui, nous sommes plus que jamais hantés par le danger que nous représentons l'un pour l'autre. *Nous sommes en guerre*. Pour que nous ne l'oublions pas, on nous le rappelle sans cesse : nous nous battons contre la maladie, contre les injustices, contre la corruption, contre la faim dans le monde, contre le changement climatique, contre la montée des eaux, contre le mensonge, contre ceux qui ne sont pas de notre avis, contre la violence, contre la guerre elle-même.

Nous pointons nos armes sur les pays riches en ressources, sur les terroristes, sur les cellules malignes dans nos propres corps et sur les virus que nous risquons de nous transmettre en prenant un café ensemble. Grand ou petit, proche ou lointain, visible ou invisible – l'ennemi est toujours aux aguets. Nous avons appris à nous battre et luttons sur tous les fronts. Nous, c'est les bons, les autres, c'est les méchants. Les autres le comprennent de la même manière – à l'envers. Ainsi, tout le monde a toujours une bonne raison pour se battre. Et puisque dans notre monde la fin justifie tous les moyens, nous avons honoré du prix Nobel de la Paix un président qui lors de son mandat a mené huit guerres.

Nos manuels scolaires et nos livres d'histoire sont remplis des dates de batailles qui prouvent que nous sommes bien incapables de vivre en paix ensemble. Il y aura toujours quelqu'un qui essaiera de mettre la main sur notre maison, nos biens, notre femme. Nous devons toujours prendre les armes pour défendre ce qui nous appartient et inventer des lois pour que l'autre ne nous écrase pas. Sommes-nous nés mauvais ? Deux mille ans de christianisme nous ont implanté l'idée que nous avons bien mérité d'avoir été chassés du paradis. Depuis, nous tentons de nous racheter. Pendant que certaines religions nous permettent de nous offrir une place au paradis après notre passage sur terre, Luther et Calvin étaient formels : c'est décidé depuis notre naissance. Et si c'est raté, c'est raté.

Après les religions, le déterminisme scientifique a continué à nous convaincre de notre défectuosité. Nous naissons imparfait. Nous avons besoins de tuteurs et de règles qui nous tapent sur les doigts pour pousser bien droit. Entre notre premier et notre dernier souffle, on s'efforce de nous formater, de nous manipuler et de nous corriger. C'est pour notre bien. Car nous ne saurions pas vivre sans être pris par la main. Nous ne savons pas, comme chaque fleur des champs et chaque arbre dans la forêt, commet naître, grandir et mourir correctement.

C'est notre science qui justifie notre prise de pouvoir sur l'autre. La vie est une jungle. Seulement le meilleur gagne. Le droit est au plus fort. Le danger est partout. Il nous guette de l'autre côté de la rue, dans nos cinémas et nos salles de théâtre, dans nos restaurants et sur nos terrasses de café, lors de nos soirées conviviales et nos tablées familiales. Aujourd'hui, ce ne sont plus les haches et les fusils des peuples barbares qui nous menacent, mais le sourire et les bras ouverts de nos amis et de nos proches. Pire : ce seraient aussi nos enfants qui menacent notre survie. Chaque geste, aussi tendre et innocent soit-il, peut faire mourir les aînés. C'est pour cela qu'il faut enfermer tout le monde et obliger même les plus petits à porter un masque.

Tous les plaisirs communs sont restreints ou interdits. Trop dangereux ! Le virus est là ! Qui en douterait ? Alors nous faisons ce que nous savons faire : la guerre. « Responsabilité » est le nom que nous donnons à notre attitude. Nous nous croyons responsables en ne nous faisant plus la bise et en nous saluant qu'avec des coups de poings et de coudes. Notre respect de la vie des autres s'exprime en bloquant la vie publique, en interdisant les activités sociales, commerciales et culturelles et en faisant du télétravail, du téléenseignement, de la télémédecine et des apéros skype. Désormais, les femmes accouchent seules en inhalant les substances chimiques contenues dans les masques jetables et les personnes âgées meurent de solitude, enfermés dans leurs chambres.

Paradis perdu

Au cours des longues années qu'a duré notre civilisation, nous avons oublié ce que cela veut dire de vivre en paix et en harmonie. Nous n'avons pas connu les temps où les humains se sentaient liés les uns aux autres, où chacun pouvait s'épanouir selon ses talents et ses dons. Nous n'avons pas connu l'âge où les humains vivaient en lien avec la nature et en communion avec le vivant et où les dieux avaient encore accès à la terre. Les vieux mythes autour des divinités et du merveilleux se sont éteints et nous avons perdu le fil qui connectait l'humain à la fois au ciel et à la terre. Nous avons même perdu le fil qui nous lie à nous-mêmes. C'est ainsi qu'aujourd'hui, nous ne savons plus qui nous sommes vraiment. Nous n'avons plus accès à notre potentiel et dépendons entièrement d'autorités extérieures.

Puisque ce sont d'autres qui réfléchissent à notre place, nous sommes devenus bêtes et incohérents dans nos comportements. Nous refusons la bise mais plongeons les doigts dans les mêmes bols d'olives, nous nous approchons des uns et évitons les autres selon des critères nullement sanitaires. Nous tripotons nos masques et les convertissons en nids de microbes et nous nous touchons le visage avec nos gants en plastique. Nous détruisons la protection naturelle de notre peau en abusant de désinfectants, nous portons un masque en pleine nature ou quand nous sommes seuls dans la voiture, nous fermons les cafés et prenons le métro, nous interdisons les manifestations culturelles et faisons la queue dans les supermarchés. Nous empêchons notre système immunitaire de rester en forme en nous isolant et nous tirons sur un virus sans nous occuper du terrain qui nous garderait en bonne santé.

En un claquement de doigts, nous avons transformé notre vie et celle des autres en un enfer pavé de nos meilleures intentions. C'est pour notre bien, plus, pour le bien des autres ! Nous acceptons de nous cacher le visage et de voir et de respirer moins bien. Nous permettons l'intrusion jusque dans notre vie la plus intime. Nous obéissons aux ordres et nous nous laissons délibérément surveiller, tracer et bientôt pucer. Pendant que les enfants sont incités à dénoncer d'éventuelles idées complotistes de leurs parents et que les médecins reçoivent des primes en indiquant Covid-19 comme cause de décès, nous acceptons de nous laisser priver de tous nos droits et de toutes nos libertés.

Nous voulons bien faire. Nous avons tous envie de servir une bonne cause. Le problème : nous ne sommes pas d'accord sur ce qui est la bonne. Aujourd'hui, deux catégories d'êtres s'affrontent : les « alarmistes » et les « rassuristes ». On a dû inventer des mots pour confronter ceux qui comptent les personnes testées et ceux qui comptent celles qui meurent réellement du, pardon, de la Covid. Pendant nos duels verbaux, nous défendons notre propre cause sans écouter celle de l'autre. Les deux côtés s'improvisent experts en épidémiologie et sortent du chapeau études et expériences souvent contradictoires. Or, en ce qui nous concerne : nous ne savons pas. Nous ne pouvons pas savoir. La virologie est un terrain où même les spécialistes les plus aguerris reconnaissent qu'il reste beaucoup de choses à explorer.

Si ce n'est pas le cousin de la voisine dont le parrain est médecin qui nous informe, ce sont, pour la plupart d'entre nous, les informations de vingt heures. Il faut bien croire quelqu'un. « Vu à la télé » reste, encore aujourd'hui, un signe de qualité. Pour d'autres, ce sont les journaux traditionnels lus par les parents et les grands-parents qui inspirent confiance. Si nous savons pertinemment que les médias ne sont pas indépendants, nous sommes, surtout en situation de crise, prêts à croire ce qu'ils nous disent. Il existe quand-même de bons journalistes. Tous ne sont pas muselés. Qui croire sinon ? On ne va quand-même pas faire confiance à ces quelques petites plateformes alternatives où ce qui se dit dans les réseaux sociaux ! Ceux qui le font, ce sont des complotistes, des extrémistes, des antisémites, des négationnistes, des gens qui ne sont pas contents de leur vie et qui se font séduire par des théories dangereuses. Il ne faut pas les écouter.

Monoculture

Écouter l'autre ne fait pas partie de ce que nous apprenons dans nos familles, nos écoles et nos universités. Pour la plupart d'entre nous, communiquer signifie parler. Dans nos écoles de commerce, c'est la publicité qui a remplacé la communication. Nous faisons une sorte d'autopromotion en essayant de donner la meilleure image possible de nous et de nos produits afin de nous vendre au meilleur prix. Dans nos discussions avec les autres, nous voulons paraître intelligents et informés. Nous sommes au courant. Nous savons (mieux). Nous avons raison. Et au cas où nous n'aurions pas les meilleurs arguments, nous commençons à parler plus fort. Plutôt que de mettre en commun, nous établissons des relations hiérarchiques : je sais mieux que toi.

Dès notre plus jeune âge, nous sommes catégorisés, notés, classés – mais nous ne savons pas comment échanger et partager nos connaissances pour les faire fructifier. Nous vivons dans un monde où règne l'exclusivité : soit l'un, soit l'autre. Si moi j'ai raison, toi tu as tort. Au lieu de nous intéresser à la vérité de l'autre, nous lui balançons la nôtre. Pour nous rassurer dans un monde violent et instable, nous chantons les berceuses de nos vieilles convictions et sortons crocs et dents quand l'autre n'est pas d'accord. Nous posons nos pieds sur la terre étrangère pour la conquérir, mais nous ne savons pas mettre notre pied dans le vide de la sincérité et du doute : je ne sais pas. L'incertitude nous horrifie. Nous voulons être sûrs. Alors nous posons des points d'exclamation partout, des barres dures comme fer, et laissons de côté les lignes courbes et élégantes des points d'interrogation. Car, que se passerait-il si ce que nous prenons pour solide commençait à s'écrouler ? Impossible de prendre ce risque ! Nous n'avons plus qu'à continuer à nous cacher derrière nos opinions, nos principes et nos jugements.

Au lieu de faire confiance à notre bon sens, à notre ressenti et au langage de notre cœur, nous suivons des chemins balisés. Nous nous prenons pour des gens ouverts et tolérants – qui ne voudrait pas paraître ainsi ? – mais nous jugeons au lieu d'observer, nous fabulons au lieu d'être honnête et nous refusons d'ouvrir un espace en nous pour accueillir avec bienveillance ce qui est différent. Nous n'avons pas appris à apprécier la diversité mais à mettre sur un piédestal le « meilleur footballeur » et le « meilleur pâtissier ». Ce qui compte dans notre société n'est pas de participer au jeu mais de le gagner, être meilleur que les autres, arriver en haut de la pyramide et être vu : regardez comme j'ai du mérite !

C'est ainsi que nous avons créé un monde qui ne nous donne que l'illusion de la diversité. En réalité, il n'y en a plus. Beaucoup d'espèces sont exterminées, les différentes langues et traditions opprimés et les centres commerciaux sont partout les mêmes. Nous avons transformé nos forêts comme notre flore intestinale en déserts. Les étals de nos grandes surfaces ne nous laissent pas vraiment de choix car les produits de l'industrie agro-alimentaire sont partout les mêmes avec un emballage différent. Nos tendances de mode nous dictent comment nous habiller, dans quels pays voyager et quels plats manger. Les algorithmes de Netflix choisissent les séries que nous avons à regarder et les listes des bestsellers nous indiquent quels livres nous avons à lire si toutefois nous lisons encore.

La tendance est à l'uniformité. Notre particularité se limite au choix de nos marques préférées pendant que nous ignorons tout de ce qui nous rend uniques. Nous ne savons pas que jamais dans l'histoire de l'univers, le ciel était identique à celui du jour de notre naissance. Nous avons perdu le lien avec nos talents et nos dons particuliers. Nous ne nous connaissons plus et nous sommes devenus comme des étrangers pour nous-mêmes et pour les autres. Ce sont nos masques, nos maquillages, nos vêtements, nos voitures, nos fiches de salaire et nos objets de prestige qui parlent de nous tandis que nous avons oublié celui qui habite derrière. Ainsi, les vraies rencontres sont devenues impossibles. Car nous ne pouvons pas nous mettre en lien avec l'autre si nous n'avons pas de lien avec nous-même. On ne peut pas donner ce que l'on n'a pas.

Plutôt que d'aller chercher en nous qui nous sommes vraiment, nous cherchons des poux dans la tête des autres. L'autre nous énerve. Il nous marche sur les pieds, il ne nous respecte pas, c'est un imbécile qui n'a rien compris. Au lieu d'intégrer le point de vue de l'autre et de faire grandir nos connaissances, au lieu de donner place à l'un et à l'autre, nous sommes en train de préparer un monde de l'un sans l'autre. Ne sommes-nous pas trop sur terre ? Ne faut-il pas qu'il y en ait qui disparaissent pour que nous puissions continuer notre vie comme d'habitude ? En rompant les liens avec les autres, nous cassons un miroir. Car c'est l'autre qui nous fait savoir ce qui nous touche, ce qui nous émeut. Sans lui, nous ne pouvons pas savoir qui nous sommes.

Perte d'autonomie

Un mythe de création soufi raconte que la vérité est un miroir qui s'est cassé en autant de morceaux qu'il existe d'humains sur terre. Chacun se promène avec son morceau. Ce que nous voyons, c'est seulement une petite partie de la vérité : la nôtre. Au lieu de nous y intéresser et de regarder la vérité de l'autre comme un animal curieux qu'il porte dans la main, nous essayons de l'écraser et d'imposer ce que nous tenons pour notre vérité. Mais dans le miroir brisé nous ne voyons rien de vrai, seulement une façade bien polie.

Si nous voulons avoir accès à la vérité, nous avons besoin des autres. Ce sont eux qui peuvent nous faire connaître notre vrai être. Mais nous sommes plein de méfiance et de mépris vis-à-vis de l'autre et ne savons pas nous servir de l'éclat de miroir dans notre main. Corona nous révèle à quel point nous nous sommes éloignés les uns des autres. Si l'autre nous énerve, c'est de sa faute. En réalité, il est comme un écran de projection qui nous reflète nos blessures et nos désirs inavoués. Ce n'est pas lui qui nous met en colère. Il touche quelque chose en nous qui a besoin d'être regardé. Convaincus que c'est lui qui a commencé, nous appelons nos attaques contre lui « défense » au lieu de nous occuper de la corde qu'il a touchée en nous pour l'ajuster. Au lieu de le remercier de nous avoir révélé quelque chose sur nous, nous jugeons l'autre, au lieu de rassembler les différents morceaux de nos vérités individuelles et accéder à une vérité plus grande, nous coupons les liens.

En nous divisant, nous sommes devenus de plus en plus dépendants de gens que nous ne connaissons pas et qui nous vendent leurs services : des spécialistes. Il faut bien quelqu'un pour s'occuper de notre alimentation, de nos enfants et de nos assurances. Nous ne pouvons pas tout faire tout seul. Si, il n'y a pas si longtemps, nous partagions encore nos tâches en famille et entre voisins, nous payons aujourd'hui des experts pour ce que nous ne savons plus faire. C'est beaucoup. Qui serait aujourd'hui capable de faire un feu, de tuer une poule ou de se fabriquer quelques outils nécessaires à la survie ? C'est pour être plus libres, c'est ce que l'on nous dit, pour avoir plus de temps disponible, plus de confort, plus de sécurité. Sans nous en rendre compte, nous avons aujourd'hui perdu toute notre autonomie. Nous dépendons entièrement de ce que nous vendent ceux dont nous avons envie de croire qu'ils agissent dans notre intérêt.

Vivre par procuration

Plus un spécialiste est connu, plus nous lui faisons confiance. Les gens que nous voyons sur nos plateaux de télévision sont donc ceux en qui nous avons envie de croire le plus. Depuis que Corona est la star sur toutes les scènes, nos regards se tournent alors vers ceux que l'on entend le plus. Si les Allemands ont droit à un seul spécialiste – Christian Drosten, celui qui a inventé le test PCR et qui l'a présenté en janvier 2020 lors de la rencontre du *World Economic Forum* à Davos – les Français ont droit à plusieurs voix. Toutes vont pourtant dans le même sens : le virus est un danger pour l'humanité toute entière. Il faut le combattre à tout prix. Basta.

Les autres voix, les critiques, les sceptiques, celles qui posent des questions, ne sont pas ou peu entendues. Le grand public, s'il a encore droit à entendre les propos de Didier Raoult, n'entend pas ce que disent les Jean Dominique Michel, Alexandra Henrion-Caude, Christian Perronne, Nicole Délépine, Louis Fouché, Jean-François Toussaint et tous les autres qui nagent courageusement contre le courant. Nos journaux, télévisés ou en papier, ne donnent quasiment pas de place à ceux qui font remarquer que, selon les chiffres les plus officiels, la mortalité de cette « pandémie » ne dépasse pas celle d'une grippe saisonnière, ceux qui constatent qu'il n'y a pas de surmortalité, ceux qui préconisent des traitements peu onéreux et naturels, ceux qui mettent en doute la fiabilité d'un test dont l'emballage fait déjà savoir qu'il n'est pas fait pour diagnostiquer une maladie et ceux qui doutent de l'efficacité des masques qui, selon les indications sur l'emballage également, ne protègent pas contre les virus. Ils ne sont pas entendus. Ces autres experts, malgré le fait d'être parmi les scientifiques les plus notables, sont soit ignorés soit traités comme des écoliers qui se font épingler par des journalistes qui ne comprennent rien à l'épidémiologie.

Je suis parmi ceux qui se posent des questions. Comment se fait-il que, pour résoudre un problème de la plus haute importance, on ne donne pas la parole à tous ceux qui peuvent contribuer à apporter une solution ? Comment expliquer les points de vue des spécialistes souvent contradictoires ? Pourquoi nous entendons surtout ceux qui nous font peur avec ce virus et pas ceux qui font appel à notre bon sens ? Pourquoi sommes-nous littéralement assommés par les chiffres de personnes testées sans que l'on nous dise combien de personnes sont réellement mortes ? Pourquoi on ne nous dit pas comment nous pouvons stabiliser notre système immunitaire pour nous protéger contre ce virus ? Mais surtout : comment, dans un pays qui se veut démocratique, peut-il être possible que toutes les instances qui assurent le bon fonctionnement d'une démocratie, soient laissées de côté quand il s'agit de prendre des décisions qui nous concernent tous ?

Les lois qui règlent les urgences sanitaires priment sur toutes les autres lois. Il suffit alors de déclarer que quelque chose est dangereux pour la santé pour ne plus vivre dans une démocratie. Qui oserait contredire ? Qui voudrait être celui qui met en danger la santé publique ? Une fois de plus, la porte est grande ouverte pour laisser d'autres décider à notre place. Ainsi, nous avons tous confié la responsabilité de notre vie à des gens dont nous ne pouvons qu'espérer qu'ils agissent pour notre bien. Nous avons très envie de nous sentir rassurés. Ceux que nous entendons parler aujourd'hui ont l'air bien sérieux et se basent sur les derniers résultats scientifiques. La science, c'est du lourd, c'est du fiable. C'est des chiffres et des statistiques. Ça ne peut pas tromper. Une blouse blanche, ça crée de la confiance.

En réalité, la science est un champ de bataille comme un autre. Les scientifiques, comme tous les spécialistes, sont des humains comme les autres et non pas des saints à l'abri de l'erreur, de la corruption, du mensonge et de l'orgueil. L'histoire de la science est, elle aussi, un enchaînement de combats et de guerres. « La » science, comme nous avons tendance à dire, n'existe pas. Ce qui existe, ce sont des études aux résultats très différents et souvent contradictoires que le grand public ne voit pas. Selon les rédacteurs en chef de la presse scientifique la plus renommée comme *The Lancet* et le *New England Journal of Medecine*, plus de la moitié des études seraient falsifiées. Depuis que ce n'est plus le secteur public mais les laboratoires pharmaceutiques et des organismes privés qui financent la recherche, les résultats sont bien adaptés aux intérêts des commanditaires. Qui oserait mordre la main qui le nourrit ?

Nouvelles technologies

Communs mortels et non-scientifiques, nous ne pouvons pas savoir si nous nous basons sur les bonnes études et si nous faisons confiance aux bons experts. Une seule chose est certaine : Sars-Cov-2 ne ressemble pas à une de ces boules à pics stylisées à laquelle il ne manquerait que le dessin d'un méchant sourire. La science sait très peu sur la « petite vie » et encore moins sur les virus que l'on a rangés parmi les microorganismes car on ne savait pas trop où les mettre. Ces minuscules structures que l'on ne considère même pas comme des organismes vivants, restent un grand mystère. Même sous les microscopes les plus puissants, on ne peut pas les « voir » et encore moins les isoler. Certains scientifiques se posent même la question s'ils sont des agents qui entrent en nous depuis l'extérieur ou s'ils se trouvent déjà à l'intérieur de nous et sont activés sous certaines conditions.

Là où personne ne sait vraiment, c'est la technologie qui prend les choses en main. Au lieu de regarder combien de gens meurent de ce virus, on calcule la probabilité d'une troisième, quatrième, énième vague, combien de lits de réanimation il faudrait dans ces cas et les taux de risque de contracter le virus. Aujourd'hui, ce sont les algorithmes qui se chargent de nos décisions à prendre. Ce sont eux qui calculent nos risques et périls. Depuis que les big 5 Google, Apple, Facebook, Amazon et Microsoft s'occupent de notre vie, c'est l'intelligence artificielle qui a tous les pouvoirs. Elle sait tout sur nous ! Elle connait nos désirs, nos peurs et nos coups de cœur, nos pulsions, nos opinions et nos rêves. Elle sait exactement où nous nous trouvons en ce moment précis et avec qui, à quelle heure nous nous couchons et combien de fois par semaine nous faisons l'amour. Rien ne lui échappe depuis que notre quotidien est réglé par des appareils « smarts » qui nous rendent la vie tellement facile.

Comme nos médias et nos politiques, les nouvelles technologies sont là pour nous servir. Nous n'avons rien à craindre et plus rien à cacher. Même si nous le voulions, il est de plus en plus difficile de ne pas être sous surveillance permanente. Notre transparence nous rend manipulable à volonté. Nous connaissons les publicités parfaitement adaptées à notre profil et nous cachons l'œil de la caméra de nos ordinateurs portables. Nous savons que nous pouvons être sous écoute quand nos appareils sont allumés et même quand ils ne le sont pas. Nous pouvons aussi savoir que les compteurs Linky et les relais 5G que l'on installe par milliers, non seulement nous exposent à un rayonnement permanent dont nous ne connaissons pas les conséquences à long terme - ils facilitent aussi une surveillance continue jusque dans les moindres détails de notre quotidien.

Malgré cela, nous privilégions notre petit confort et nos petits divertissements. De toute façon : nous ne comprenons rien aux nouvelles technologies. Nous n'avons aucune idée de ce qui se trouve derrière l'interface utilisateur, comme nous ne comprenons plus rien quand nous ouvrons le capot de notre voiture ou quand nous voulons acheter une ampoule électrique. Tout nous échappe. D'autres s'occupent de nos besoins et de nos désirs, de l'éducation de nos enfants, du traitement de nos malades et de nos anciens. Nous appelons cela « progrès » et « émancipation ». Qui voudrait contester les avantages ? Qui voudrait renvoyer les hommes dans les cavernes et les femmes aux fourneaux ? Cependant, nous payons « chair » ces avancés : pour connaître la monnaie d'échange des applications que nous téléchargeons gratuitement avec enthousiasme, il suffit de lire la liste de ce à quoi nous donnons accès.

Dans un monde où l'argent est roi, nous continuons à croire que ce n'est rien. Les yeux toujours rivés sur des appareils qui nous seront bientôt implantés sous la peau (comme c'est pratique !), nous nous croyons au courant de tout. Nous sommes inondés d'informations. Mais nous aident-elles à mieux vivre, à être en meilleure santé, à mieux nous entendre ? Nous rendent-elles plus heureux ? Nous aident-elles à mieux comprendre le monde ? Comment va notre planète ? La faim a-t-elle été éradiquée ? Les guerres ont-elles cessé, les injustices sont-elles résolues ? Le monde va-t-il mieux qu'il y a dix ans, cent ans, mille ans ? La nature, source de notre vie sur terre, est-elle intacte ? Le bien-être du vivant dont nous dépendons, est-il respecté ? Et nous ? Comment allons-nous ? Mieux ? Que faisons-nous de notre vie plus longue ? Comment remplissons-nous ce temps ? Quel sens donnons-nous à notre existence depuis que Corona nous pose des questions ?

Déchirures

Nous ne crions pas au scandale face au fait que vingt-six personnes possèdent l'équivalent de ce que se partagent les quatre milliards les plus pauvres de la planète. Nous sommes devenus insensibles aux injustices. Cela ne nous révolte pas qu'en France, pays de la gastronomie, des enfants ont faim, que les jeunes ne trouvent pas de travail et les retraités pas les moyens de vivre décemment leurs dernières années. Nous ne nous insurgeons pas quand ceux qui fuient bombes et misères ne trouvent pas de refuge et quand de nombreux endroits de la terre deviennent inhabitables pendant que les plus ignorants s'appuient encore sur quelques chiffres optimistes qui justifient un système assassin.

Tout en nous croyant libre, nous vivons le pire des esclavages : celui de l'esclave qui ne sent même plus ses chaînes. Il se croit informé, il se croit libre, il croit vivre dans une société libre - mais en réalité, il est parfaitement manipulé. Il ne se rend pas compte qu'il est sourd et aveugle. C'est bien le propre de la manipulation : le manipulé ne la voit pas. Il avale tout ce qu'on lui donne à manger : les informations contaminées des grands médias, les promesses hypocrites des politiques, les poisons de l'alimentation industrielle, les médicaments aux effets secondaires mortelles. Il se laisse mener par le bout de son nez et ne voit plus le grillage de la cage devant ses yeux.

L'Homme-ressource devenu objet est incapable de voir la réalité. Perdu dans le scintillement artificiel de sa confusion, il ne connait plus rien aux histoires de la vie. Il se prend pour une sorte de chose enveloppée de peaux, une machine qui a la fâcheuse tendance à tomber en panne quand on ne s'y attend pas. Depuis que nos sciences ont séparé le corps et l'esprit et proclamé la mort de Dieu, le ciel s'est rempli de nos déchets. Nous avons perdu à la fois le cœur et la tête. Nous célébrons le vide et le manque et, pour nous consoler, nous nous jetons sur tout ce que nous pouvons posséder, ne serait-ce qu'un court instant. L'avoir règne sur l'être. L'être, nous ne savons plus ce que c'est. Dans notre monde, tout est séparé, déchiré, en lambeaux. La tête dans le guidon, nous ne voyons plus que le détail. Nous suivons la carotte et ne nous rendons pas compte où nous mène le chemin.

Ce ne sont plus les rythmes de la nature et les cycle de la vie qui nous orientent. Nous nous sommes « occidentés » : nous ne voyons plus le soleil se lever mais admirons son coucher. Go west ! Ainsi, nous avons perdu l'orientation de ce qui nous donne vie, de ce qui est beau, vrai et bon. Nos divinités ont été remplacées par nos banalités et l'organique par les statistiques. Les mouvements naturels ont été bloqués ; désormais, ce sont des machines qui tirent les bœufs vers l'abattoir. Nous utilisons notre capacité de penser pour focaliser les problèmes au lieu d'envisager des solutions. Nous ne les trouvons pas car nous nous obstinons à les chercher là où elles ne sont pas : sous l'éclairage artificiel des projecteurs qui ont causé ces problèmes.

Notre science analyse et met en morceaux au lieu de réassembler les pièces détachées et regarder le tout. Elle sépare au lieu de réparer, elle se perd dans le tout petit et ne reconnaît plus le contexte. Mais quiconque touche sa suprématie, se trouve aujourd'hui sous les feux des inquisiteurs. Les chercheurs qui ne se mettent pas au service de la construction des autoroutes de la pensée et des intérêts des industries pétrochimiques, agroalimentaires et pharmaceutiques risquent de se voir exclus de la communauté scientifique. La science est devenue comme une nouvelle religion et ses dogmes n'ont de cesse d'excommunier les moutons noirs qui osent contester le courant officiel. Ridicule, dangereux, évident - depuis que la terre est ronde, les grandes découvertes prennent toujours le même chemin. Héliocentrisme, abolition de l'esclavage, droit de vote pour les femmes – avant d'être accepté par tous, le nouveau se présente dans le manteau de l'hérésie.

Le monde à l'envers

Sous l'emprise des religions ou de la science – aujourd'hui comme avant, nous nous accrochons à nos vieilles idées. Aujourd'hui comme avant, nous ne sommes pas libres. Corona nous montre combien nos sens sont troublés, nos cœurs enfermés et nos pensées occupées par ce que l'on veut que nous croyions. Les forces qui prennent possession de nous sont toujours les mêmes : ce sont celles qui profitent de la division. *Divide et impera*. Depuis toujours, les forces séparatrices savent comment soumettre le peuple : on lui jette du pain et des jeux pour qu'il ne voie pas ce qui se passe réellement.

Ce sont des forces qui puisent leur pouvoir dans nos faiblesses. Leurs noms sont légion : avarice, orgueil, arrogance, mépris, convoitise, violence, indifférence, ignorance. Ce sont tous ces grands et petits diables qui occupent nos pensées et sèchent notre cœur, qui nous mettent aux fers. Ils nous enferment dans l'enfer de nos vieilles convictions qui nous desservent et nous mènent à la ruine. Au lieu de les laisser se consumer, nous nous accrochons à elles comme des naufragés à l'épave qui va finir par les tirer vers le bas : la vie est une bataille, que le plus fort gagne, l'homme est un singe amélioré, la nature est ressource, le vivant peut être maîtrisé. Nous le croyons. Ce sont ces croyances qui ont fini par donner tout le pouvoir à quelques-uns et par condamner les autres à l'impuissance.

Aujourd'hui, la confrontation à un virus et aux mesures qui sont prises pour le maîtriser mettent en évidence que nous nous sommes trompés sur beaucoup de choses. Si nous acceptons cette défaite, une nouvelle chance s'offre à nous.

Nous pouvons donner une autre direction aux choses. Mais avant tout, il nous incombe de mettre de l'ordre dans nos affaires. A chacun de nous de regarder sous le lit et dans les coins les plus reculés pour voir ce qui s'y cache. La poussière va nous faire tousser, éternuer et monter les larmes aux yeux. Mais ça va passer. L'atmosphère va s'éclaircir et nous verrons les choses sous une lumière nouvelle.

Mirages et mensonges

A l'aube du troisième millénaire, notre style de vie nous a rendus plus vulnérables que jamais. Non seulement nous sommes incapables de survivre sans tous ces gadgets électroniques qui nous facilitent la vie, nos organismes sont devenus de plus en plus fragiles. Sans la médecine, nous ne serions pas là. C'est ce que nous croyons. Nous pensons que ce sont les antibiotiques qui nous sauvent, les vaccins, les interventions chirurgicales, les chimiothérapies, les radiothérapies, les formules chimiques – tous ces traitements qui violent l'intégrité de notre corps. De la salle d'accouchement jusqu'à notre lit de mort, d'autres s'occupent de nous. Comme si l'humain ne savait pas naître, vivre et mourir, nous sommes continuellement branchés à toutes sortes de tuyaux.

Pendant que la technique et la chimie s'emparent de nos corps, notre immunité baisse. Nos intestins, siège de notre système immunitaire, sont fortement troublés par une alimentation industrielle toxique et trop peu diversifiée, la sédentarité et le stress de notre quotidien. Nos organismes sont affaiblis par toutes sortes de substances nuisibles que nous inhalons, buvons et mangeons. La liste des maladies dites « de civilisation » n'arrête pas de s'allonger et nos défenses naturelles sont au plus bas. Une aubaine pour l'industrie pharmaceutique ! Après le cancer, les maladies cardio-vasculaires, la sclérose en plaque, le diabète, les allergies, l'autisme, la maladie d'Alzheimer et beaucoup d'autres, c'est aujourd'hui la Covid qui mène la danse. Les symptômes sont aussi variés qu'imprécis : fièvres ou impression de fièvre, maux de tête, courbatures, fatigue, rhume, toux, diarrhée, perte de l'odorat et du goût.

Comme pour le cancer déjà, les symptômes peuvent signifier le pire ou rien du tout, et comme pour le cancer, nous sommes alertés au moindre signal. Plus que jamais, nous nous méfions de notre propre corps. Un grattement dans la gorge, le nez qui coule ? Vite, un test ! Les résultats ne sont pas fiables car les tests ne sont pas conçus pour diagnostiquer une maladie. Ils révèlent seulement si la personne testée a été en contact avec le virus. C'est tout. Mais comme pour les masques qui n'empêchent pas les virus de se balader des deux côtés du tissus, nous croyons que c'est quand-même mieux que rien. Pendant que nos médias nous bombardent de chiffres, nous devenons de plus en plus dociles. Puisque ces masques nous font inhaler, à longueur de journée, toutes sortes de substances chimiques et empêchent l'oxygénation de notre cerveau, nous n'arrivons plus à avoir les idées claires. Nous vivons comme dans une brume et ne reconnaissons pas l'absurdité et le danger de ce que l'on nous oblige à faire.

Bien sûr : nous savons que tout ne fonctionne pas bien dans notre pays. Nous savons que les lobbys des multinationales ont une grande influence sur nos gouvernants et que les entreprises les plus riches ne payent pas d'impôts. Nous savons que, dans un système capitaliste, les intérêts économiques priment sur tous les autres, que nos autorités ont mis à mort le système de la santé, que nous entendons un jour une chose et le lendemain son contraire. Nous avons fait l'expérience de paradis fiscaux, de promesses non tenues, de mensonges, de corruption et de conflits d'intérêt. Nous pouvons aussi savoir que le président français actuel a surgi de nulle part et est issu des rencontres du groupe Bilderberg, le club privé le plus fermé du monde. Nous avons voté pour lui parce qu'il était un inconnu, parce que l'autre option était le fantôme de l'extrême droite, parce que nous voulions lui « donner sa chance ». Mais malgré tout, nous avons toujours envie de croire que ses décisions sont prises dans notre intérêt.

Nouvelle normalité

Nous sommes fiers que les grands acquis sociaux soient nés en France : liberté, égalité, fraternité ! Aux moments les plus sombres du siècle dernier, nous avons su, au moins en partie, faire face au nazisme. Qu'aurions-nous fait si nous avions vécus à cette époque ? Aurions-nous eu le courage de nous lever contre la tyrannie ? Aurions-nous ce courage aujourd'hui ? Ou attendrions-nous que l'on nous fasse signer une autorisation pour que nous puissions nous promener une fois par jour, pendant une heure, maximum un kilomètre de notre lieu de résidence ? Penserions-nous que les informations de vingt heures nous diraient que le moment est venu de commencer à protester ? Croyons-nous que tout le monde ne puisse pas se tromper ?

Je viens d'une nation qui a vécu deux dictatures au cours du siècle dernier, et je peux témoigner que oui, tout le monde peut se tromper ! Nous pouvons tous tomber sous le charme des voix hypnotiseuses : le danger vient de la droite/ de la gauche, des Russes/ des Chinois, des terroristes/ des virus. Notre histoire nous montre que dès l'instant où une information est inlassablement répétée, il y a danger – mais pas celui auquel on essaye de nous faire croire. Ce ne sont pas seulement les incultes qui tombent dans le piège. L'Allemagne était très développée culturellement, un exemple pour le monde entier, avant de tomber dans la barbarie. On lui avait promis la croissance économique et des voitures.

Justice a été faite. Mais : les procès de Nuremberg ont-ils vraiment éradiqué le nazisme ? La médecine n'a-t-elle plus le droit d'utiliser des êtres humains comme des cobayes ? Sommes-nous capables aujourd'hui de reconnaître, comme Hannah Arendt, la banalité du mal ? Nous avons inlassablement plongé nos regards dans le passé. Pas un jour ne passe sans que la honte du siècle dernier ne soit pas évoquée. Notre attention a tellement été attirée par le passé, nous avons tellement étudié et analysé les erreurs des autres que nous n'avons peut-être pas fait assez attention à ce qui se passe devant nos yeux aujourd'hui.

Voyons-nous ce qui se décide, à Davos, au *World Economic Forum* de Klaus Schwab, l'association privée des mille plus grandes entreprises du monde ? Entendons-nous parler du *Grand Reset* qui, à partir de janvier 2021, va donner un nouvel ordre au monde entier ? Comment sera-t-il, ce *novus ordo seclorum*, la devise du grand sceau des États-Unis qui, depuis 1935, est imprimé sur chaque billet d'un dollar ? Y est-il question de liberté, d'égalité et de fraternité ou plutôt de « sécurité », de surveillance et de contrôle ? Dans cette nouvelle normalité, les gens pourront-ils se réunir, sourire aux lèvres et bras ouverts, dans les rues et sur les terrasses, lors des événements culturels et pour manifester pour leurs droits ? Ou verrons-nous les mêmes images qu'aujourd'hui dans un an, cinq ans, dix ans : gens masqués, patrouilles, verbalisations, arrestations, interdictions, confinements ? Sommes-nous à l'aube d'un monde libre ou d'une dictature de la santé ?

En ce qui concerne la santé, je m'y connais. Je suis une rescapée d'un cancer et j'ai fait l'expérience de ce qui guérit. Ce n'était pas la séparation de ma famille, de mes amis, de mes voisins et de mes collègues. Ce n'étaient pas le stress et la peur provoqués par les coupures de liens et les fermetures. Ce n'étaient pas le télétravail, la télémédecine et les apéritifs virtuels. Ce qui m'a guérie c'était le contraire de ce qui est aujourd'hui utilisé pour soi-disant assurer notre santé : les bras ouverts, les grands sourires, les joies partagées, le soleil sur les terrasses des cafés, les longues promenades, les bons petits plats concoctés avec les produits frais des producteurs locaux et la confiance en mon propre corps. Pour moi, il est scandaleusement évident que tout ce qui est décidé aujourd'hui ne va pas dans le sens de la vie.

L'intelligence de la nature

La machine entretenue par le capitalisme néolibéral fonctionne pour augmenter les bénéfices et le pouvoir d'une poignée de gens au détriment du reste de la population. Pour la stopper, il faut plus que quelques beaux discours et un peu de philosophie de salon. Il ne suffit pas d'aller manifester, d'acheter bio, de trier ses déchets et de réciter le Petit Prince : on ne voit bien qu'avec le cœur. Il faut mettre le cœur à l'ouvrage et les mains dans le cambouis. Pour que la Révolution des Consciences dont parlait le poète allemand Friedrich Hölderlin il y a 250 ans puisse avoir lieu, il faut regarder là où ça fait mal : chez soi. Ce n'est pas l'autre qui est responsable de nos problèmes. C'est nous. A nous d'aller chercher les solutions là où elles se trouvent.

Le chemin commence par un premier pas. C'est souvent le plus difficile. Nous nous sommes enrouillés. Nous avons l'habitude que l'on fasse les choses à notre place. Mais surtout, nous avons oublié l'existence de l'être qui nous habite. Savons-nous que nous sommes plus qu'une machine défectueuse, qu'un feu follet entre deux néants ? Qui suis-je ? - c'est la question la plus ancienne de l'humanité. *Gnothi Seauton – connais-toi toi-même* - que répondons-nous face au plus vieux des préceptes gravés à l'entrée du temple de Delphes ? Que savons-nous de nous-mêmes à part ce qui est écrit sur nos papiers d'identité, nos goûts et nos préférences et les anecdotes de notre vie ?

Le moment est venu de s'y intéresser. Si nous ne le faisons pas, d'autres nous prendrons tout. *En 2030, vous n'aurez rien* est la première phrase d'un spot publicitaire du forum économique mondial. Ce seront les drones qui feront nos courses pendant que nos corps seront transformés en machines. Nous cesserons d'être humains. La vie naturelle sera remplacée par la technologie et l'intelligence artificielle. Si nous ne voulons pas ça, nous devons quitter le bac à sable et devenir adultes. Assumons la responsabilité pour ce qui nous concerne. Nous ne sommes pas seuls. Nous avons un partenaire précieux à notre disposition : notre corps. A travers les symptômes qu'il développe, il nous montre où nous avons à chercher. C'est lui qui nous montre le chemin vers ce qui nous anime, ce qui nous donne vie : notre âme. C'est elle qui sait quel chemin nous avons à prendre.

Le mal-a-dit

Depuis les grands progrès technologiques du siècle dernier, nous avons perdu le lien avec la dimension non-matérielle de la vie. Nous nous servons de toutes sortes d'appareils qui fonctionnent avec une énergie invisible, mais quand il s'agit de notre propre dimension énergétique, l'affaire devient suspecte. Nous avons, en grande partie, perdu le contact avec nos émotions, e-motion : l'énergie en mouvement en nous. Ça va ? A peine savons-nous répondre à la question. Ça va. Bien, mal, fatigué. Le plus souvent, notre vocabulaire s'arrête là. Nous ne distinguons pas les multiples facettes des énergies qui peuvent nous traverser et dont nous avons fini par nous méfier. Au lieu de goûter nos différents états de tristesse, de peur ou de colère, nous les fuyons. Au mieux, nous essayons de les « gérer » pour rester fonctionnels, efficaces, performants, toujours au service du système.

Abandonnées à elles-mêmes, nos émotions mijotent sous de lourds couvercles. Ce qui n'est pas entendu grandit et prend de plus en plus de place avant d'exploser. Nous « tombons malade ». Puisque nous n'avons pas appris à écouter et à exprimer ce qui s'est imprimé en nous, notre mal nous pèse sur les épaules, nous noue la gorge ou nous tord l'estomac. Le symptôme est le langage du corps qui nous appelle à nous occuper de ce qui se passe dans notre vie. Mais nous nous sommes tellement habitués à déléguer nos problèmes aux pharmaciens et autres spécialistes que nous avons bouché l'accès à notre pouvoir naturel d'autoguérison. Les médicaments, en supprimant le symptôme, empêchent l'organisme de faire son travail. Une maladie en entraine une autre avant de devenir chronique.

Nous considérons les fièvres, douleurs, sécrétions et autres symptômes comme des tuiles qui nous tombent sur la tête et ne voyons pas le lien entre notre corps psychique et notre corps physique. Notre médecine reconnait à peine que le stress puisse provoquer certaines maladies, pour le reste elle ignore les relations entre les émotions et les symptômes. Au lieu de considérer chaque malade dans son ensemble corps-esprit et lui donner la possibilité d'être le principal acteur de sa propre guérison, une seule ligne de conduite : le protocole, un même traitement pour des milliers de malades. Avec notre autonomie, nous avons perdu le savoir que le symptôme nous indique que, a) il existe un problème et b) ce problème est en train d'être résolu. Au lieu de faire confiance à la nature et d'accompagner le processus naturel de guérison, nous avons recours à des substances artificielles invasives. Ainsi, les maladies iatrogènes - provoquées par la médecine elle-même - sont devenues une de premières causes de mortalité. Nous laissons faire, en pensant que, si c'est parfois excessif, c'est quand-même pour notre bien.

En ne comptant que sur le savoir des spécialistes, notre corps est devenu un parfait étranger pour nous. Nous l'habillons, nous le maquillons, nous entretenons la façade – mais nous nous en méfions. Au fond, nous ne savons rien de lui. Nous nous limitons aux apparences et ignorons ce qui se passe à l'intérieur de nous. Nous nous sommes tellement éloignés de nous-mêmes que nous craignons aujourd'hui d'être malade sans le savoir. « Asymptomatique » s'appelle le fantôme qui hante nos pensées. Le danger est là – mais nous ne le sentons pas. Il faut alors se méfier de tout, même de son propre bien-être ! Il peut toujours y avoir un problème !

Jusqu'à présent, c'était surtout le cancer qui nous soumettait à un état d'alerte permanent. Le moindre symptôme pouvait s'avérer être un messager de la mort. Nous surveillons nos seins, nos selles et notre prostate, toujours prêts à nous faire « dépister » tout en nous exposant aux dangers que représentent les mammographies, les scanners et les biopsies que nous subissons sans trop réfléchir. Chaque intervention, aussi minime soit-elle, vient avec sa série d'effets secondaires. Mais comme si le cancer ne suffisait plus, nous sommes aujourd'hui confrontés à un ennemi encore plus dangereux qu'une cellule maligne : un virus inconnu !

Petite vie

Il n'est pas surprenant de perdre la joie de vivre dans un tel scénario. Nous ne sommes en sécurité nulle part ! Le confort et la tranquillité auxquels nous aspirons tant sont en train de nous échapper. Une seule étincelle d'espoir à l'horizon : le Vaccin ! Les chercheurs des laboratoires du monde entier travaillent jour et nuit pour trouver le remède qui sauvera l'humanité. Des sommes colossales sont investies pour concocter un cocktail qui mettra, au moins partiellement, un terme aux bars et aux magasins fermés et aux centres-villes désertés. Le danger, lui, restera. Un virus, ça mute tellement vite que nos meilleurs scientifiques seront impuissants face aux capacités évolutives de la petite vie.

Si nous choisissons ce chemin, nous aurons toujours à faire à la distanciation sociale et aux confinements partiels, à la surveillance et aux amandes. De toutes façons : entre virus, cellules malignes et terroristes, nous ne serons jamais entièrement en sécurité. La vie reste un risque qui se termine par la mort. Mais pour une civilisation qui compte sur des garanties, des assurances vie, des comptes en banque et une voiture par personne, l'insécurité est difficile à supporter. Nous avons tellement l'habitude de tout avoir, tout de suite ! On appuie sur un bouton et ça marche. Si ça ne marche pas, on fait appel à un spécialiste qui fera remarcher l'affaire en nous livrant, avec la marchandise, un bon de garantie. Nous sommes tranquilles jusqu'à la date de péremption.

Corona nous montre que la vie n'est pas si simple. Horrifiés, nous nous souvenons que nous sommes mortels. Quelle injustice ! Nous allons mourir ! L'idée de notre propre mort nous semble insupportable. Nous sommes capables de vendre notre vieille grand-mère et même notre âme pour qu'on nous garantisse une vie plus longue. Le changement climatique, la fonte des glaciers et l'extinction des espèces ne sont rien face à l'idée de succomber à un virus. Nous sommes touchés dans notre for intérieur, là où ça fait le plus mal : notre médecine qui, pendant si longtemps, nous a permis de faire n'importe quoi, nous montre aujourd'hui ses limites. Les spécialistes ne peuvent rien promettre – à part nous mettre dans un état d'alerte maximale et d'espérer que notre cas sera choisi pour avoir accès à un lit de réanimation.

Depuis que l'on avait découvert les antibiotiques – « contre la vie » - tout était devenu possible. Nous pouvions réellement commencer à jouer Dieu. Les médecins pouvaient couper, amputer, transplanter, injecter, irradier et manipuler à volonté et sans modération le vivant car les infections semblaient sous contrôle. Le problème aujourd'hui est qu'on nous a tellement administré d'antibiotiques que les microbes s'y sont habitués. Ces artistes de la survie ont appris à muter en moins de deux et à échapper habilement aux armes que nous pointions sur eux. Résultat : ils sont devenus résistants à une bonne partie de nos antibiotiques. Une catastrophe pour notre médecine intrusive !

Comment peut-on continuer à vendre des interventions et des traitements comme la chimiothérapie et la radiothérapie qui mettent à plat le système immunitaire ? La résistance contre les antibiotiques est en train de devenir un problème majeur pour la médecine industrielle. Les microbes mutent tellement vite que les laboratoires ne sont plus prêts à investir dans la recherche de nouveaux antibiotiques. Il faut alors autre chose pour sauver le soldat Ryan, quelque chose en quoi nous croyons encore, quelque chose qui, dans la mémoire collective, est le fleuron de la médecine moderne : le vaccin. N'a-t-il pas sauvé des millions de vies ? Ne nous a-t-il pas libéré du choléra, de la tuberculose, de la poliomyélite ? Ne nous a-t-il pas permis de voyager dans tous ces pays pauvres et ensoleillés pour y passer des vacances inoubliables ?

Le vaccin, c'est des chiffres, des calculs, des statistiques. C'est de la mathématique, c'est du solide. C'est propre et c'est sûr. C'est au moins ce que nous croyons si nous ne nous intéressons pas aux substances peu appétissantes contenues dans les vaccins. Nous nous basons toujours sur cette vieille addition microbe + organisme = maladie qui déjà à son tout début s'est révélée fausse quand le chimiste allemand Max von Pettenkofer a avalé publiquement une colonie de bactéries de choléra sans tomber malade. C'est surtout l'hygiène de vie qui compte. L'espérance de vie a considérablement augmenté depuis que les médecins se lavent les mains entre autopsies et accouchements, depuis que les villes sont pourvues de systèmes de canalisation et depuis que les populations ont accès à l'eau fraîche et à l'éducation.

Sur son lit de mort, Louis Pasteur a eu le courage de reconnaitre qu'il s'était trompé : *Béchamp avait raison. Le microbe n'est rien. Le terrain est tout*. Mais cent cinquante ans plus tard, les microbes ne sont toujours pas nos amis. Certes : depuis le bestseller de Giulia Enders *Le charme discret de l'intestin*, nous leur reconnaissons un certain nombre de qualités. Ils nous aident à digérer notre nourriture, à stabiliser notre système immunitaire et à nous protéger contre des invités non désirés. Il n'y a pas un processus dans notre organisme dans lequel ils ne sont pas impliqués. Ils influencent nos goûts et nos préférences, notre poids et notre bien-être et même de qui nous tombons amoureux. Ils se mêlent de tout et ils sont partout : dans toutes les parties de notre corps, dans notre alimentation, dans le sable du désert et la glace éternelle, dans les sols et dans les nuages.

Comme une pluie fine ils nous arrosent incessamment. Nous ne pouvons pas leur échapper. Là où nous prenons place, nous sommes déjà attendus par le cocktail microbien de notre prédécesseur. Aucun tissu ne peut les retenir. Après avoir passé quelques heures avec une personne, nous sommes imprégnés à vie de ses microbes. Nous avons alors intérêt à accepter leur présence dans notre vie. Il n'y a qu'un pourcent des microbes qui peut, dans certaines circonstances, nous poser problème. Certains microbes peuvent nous tuer. Il y a des gens qui meurent du Sars-cov-2. Mais la grande majorité des victimes a plus de 80 ans, ce qui correspond parfaitement à l'espérance de vie moyenne des Français. Il est alors temps d'éteindre le poste de télévision et de commencer à soigner son terrain.

La fin d'un monde

Le moment est venu de changer fondamentalement quelque chose dans notre vie. Mettons-nous en mouvement. Laissons derrière-nous l'illusion de la sécurité et l'idée de pouvoir tout contrôler. Ne nous accrochons plus à ces vieilles idées qui nous ont menés au bord de l'extinction de la vie sur terre. Arrêtons ces blocages et ces fermetures, ces barrières et ces interdictions. Ils ne nous protègent pas. Un organisme en bonne santé est un organisme dans lequel les énergies circulent librement. Ouvrons les portes vers un nouveau monde et sortons de la vieille matrice qui nous empêche de respirer.

L'humanité est en train de franchir un seuil. Ce que nous sentons à présent, ce sont les contractions d'une mise au monde. Nous sommes arrivés à maturité. Il est temps de nous libérer et de sortir, comme le papillon, de la chrysalide qui ne le nourrit plus. Le bruit que nous entendons sont les dernières convulsions d'un monde qui se meurt. Dans cet écroulement, tous ont leur rôle à jouer : ceux qui contraignent, ceux qui poussent et ceux qui déploient leurs ailes vers une nouvelle conscience qui nous fera découvrir qui nous sommes vraiment.

Ne craignons rien. La seule chose qui puisse nous arriver serait de rester trop longtemps dans le canal de la naissance. Courage ! Beaucoup de belles forces sont avec nous. Confiance ! La terre nous porte et le ciel nous protège. Souvenons-nous de ce que nous avons pendant si longtemps négligé : notre capacité de choisir en conscience. Allons-y, la table est mise. Nous avons tout ce donc nous avons besoin à notre disposition.

La chute

Depuis que nous avons quitté l'unité du paradis qui nous a accueilli sur terre, nous vivons une histoire de séparations successives. L'Homme se sépare de Dieu, l'homme de la femme et l'humain de la nature. En posant nos pieds sur un terrain pour le déclarer nôtre, nous commençons à diviser notre monde. Ce qui est à moi n'est pas à toi. D'un côté, il y a nous, de l'autre, eux. Partout où nous allons, nous laissons notre empreinte. Nous sectionnons notre univers en espaces, en unités temporaires, en poids et en mesures. Nous cloisonnons, nous catégorisons, nous tranchons, nous fractionnons et nous opposons les différentes parties que nous obtenons.

Plus nous nous éloignons de nos origines, plus nous nous sentons imparfaits. Quelque chose nous manque : le paradis perdu, l'autre moitié, le savoir d'être complet. Alors nous partons à la chasse. Aujourd'hui, nous ne chassons plus, comme le faisaient nos ancêtres, en honorant l'animal, mais pour combler, au moins temporairement, le vide qui s'est creusé en nous. Nous voulons ce que l'autre semble avoir. Nous tentons de le lui arracher, d'occuper ce qui est à lui et d'y faire fructifier nos propres biens. Notre blessure originelle nous pousse à des actes de plus en plus violents. Nous sommes en permanence en guerre. Nous avons pris le feu que Prométhée a volé aux dieux pour forger des armes qui ont transformé notre paradis en désert.

En cherchant à nous distraire pour supporter notre condition, nous creusons encore plus le fossé entre nous et la nature, entre nous et les autres, entre nous et nous-mêmes. Plus rien ne nous retient. Dieu est mort et tout est permis. C'est l'homme qui a pris sa place en suivant Lucifer dans sa chute. Celui qui était le plus lumineux des anges nous a offert un cadeau encore plus redoutable que celui de Prométhée : la promesse d'être comme des dieux. Notre science nous donne aujourd'hui la possibilité d'accomplir cette œuvre. Le prix Nobel de chimie 2020 est donné pour la découverte du système CRISPR-Cas qui permet de découper notre ADN et ouvre les portes à toutes sortes de modifications génétiques. En même temps, 14.000 scientifiques travaillent au Cern, l'organisation européenne pour la recherche nucléaire, pour créer un nouveau Big Bang et un univers artificiel.

L'homme est en train d'épouser la machine. L'artificiel remplace le naturel. Nos systèmes informatiques nous rentrent sous la peau et nous transforment en Cyborgs, en hommes-machines connectables et déconnectables à volonté par ceux qui les programment. Dans *La quatrième révolution industrielle,* livre de Klaus Schwab, l'organisateur du forum économique mondial, le rêve transhumaniste devient réalité. La survie de notre espèce ne dépend plus du lien entre un homme et une femme. La tendance transgenre n'est pas seulement le reflet d'une profonde remise en question du féminin et du masculin, mais aussi de ce que nos laboratoires sont capables de créer artificiellement. Irrévocablement, la science met la main sur le vivant et se prépare à tout manipuler, à tout contrôler – y compris le nombre d'habitants sur terre.

Un demi-milliard serait l'idéal. Telle est la vision qui est gravée dans le marbre des *Georgia Guidestones* qui se veulent être le Stonehenge des temps actuels. En même temps, le programme *Artemis 3* envisage d'installer le réseau 5G sur la lune en 2024. Qui pourra en profiter ? Certainement pas les plus pauvres de la planète, ceux que nous laissons déjà mourir sous les bombardements, sur la mer et dans les camps de concentration pour réfugiés. Ce ne sera pas non plus la classe moyenne des pays riches qui seront les pauvres de demain, engloutis par une crise économique sans précédent. Nous nous consolons : ils ont quand-même besoin de nous en tant que consommateurs. Sans nous, « les marchés » ne fonctionneraient pas. Mais le système n'a pas besoin de plus de sept milliards de consommateurs. Un demi-milliard serait suffisant pour faire tourner la machine. Si, sur les grandes chaînes de télévision, nous entendons dire Bill Gates, un des plus grands financeurs de l'OMS et de nombre de laboratoires pharmaceutiques, *nous allons vacciner sept milliards d'humains* – nous pouvons faire un petit exercice de soustraction qui nous indiquera où va ce train.

A la croisée des chemins

Dans un sens ou dans l'autre – l'humanité se trouve devant un grand choix. *The pandemic is a portal* – la pandémie est un portail - est le nom d'un projet global qui s'est donné pour objectif de mener l'humanité vers un autre monde. Ce projet est déjà si bien élaboré que l'on a du mal à croire qu'il ait pu être créé en si peu de temps. Plan ficelé par avance ou projet honnête ? Qui pourrait ne pas se réjouir en lisant des engagements comme la lutte contre la pauvreté et la faim et pour la santé, l'éducation, l'égalité et les énergies renouvelables ? Seulement : pourquoi avoir attendu un virus pour changer les problèmes urgents et connus depuis bien longtemps ? C'est maintenant, à l'aube d'une crise économique colossale, que l'on débloquera enfin les fonds pour créer un monde plus juste ?

Si la pandémie est un portail, à nous de choisir où nous voulons aller. Nous avons la possibilité de créer un autre monde. Est-ce la vision transhumaniste qui l'emportera ? Un monde sous contrôle, un monde d'organismes génétiquement modifiés et de jardins artificiels, un monde sans diversité et sans rires naturels, un monde d'affaires et sans partage ? Quelques-unes de nos mégapoles nous donnent déjà une idée de ce que pourra être la vie des survivants les plus fortunés. On vivra sous haute surveillance, contrôlé par un organisme qui gère tout : l'énergie, l'économie, les ressources, l'alimentation, la communication, le transport, l'éducation. On parlera tous la même langue, on portera le même uniforme, on pensera la même chose. Plus aucun danger ne menacera notre vie dont la durée sera inscrite d'avance dans notre ADN. Plus aucun terroriste, plus aucune cellule maligne, plus aucun virus ne pourra nous menacer. On nous donnera une pilule pour nous réveiller et une autre pour nous endormir. La vie ne nous surprendra plus. Nous serons enfin en sécurité.

Un petit pas encore, et l'humain cessera d'être humain. Il aura oublié jusqu'à ce qui lui donne son humanité : son libre arbitre, la possibilité de choisir, de dire *oui* ou *non*. Nous sommes les seuls êtres sur terre capables de choisir en conscience. Allons-nous monter dans les trains qui nous amèneront vers des endroits aux inscriptions prometteuses ? Allons-nous choisir la liberté ou la prison, l'incertitude de la vie ou la certitude de la mort ? Préférons-nous collaborer à la mise en place d'une dictature de la santé ou nous engager pour une vraie démocratie basée sur la diversité et le respect du vivant ? Quel rôle allons-nous prendre ? Serons-nous des Jean Moulin et des Lucie Aubrac ou serons-nous parmi ceux qui restent bien au chaud à regarder leurs feuilletons pendant que d'autres se battent pour eux ?

Collabo ou résistant - depuis mes douze ans, depuis que j'ai lu le journal d'Anne Frank, je me pose la question. Qu'aurais-je fait au moment où ma sécurité, ma survie aurait été en danger ? Quels risques aurais-je pris ? Aurais-je choisi le chemin intérieur d'une Etty Hillesum ? Aurais-je eu le courage d'une Sophie Scholl ? Aurais-je seulement vu ce qui était en jeu ? Aurais-je eu le courage de vivre en tant que celle que je suis et de risquer ma vie pour ma vérité ? Ou aurais-je cru que mon gouvernement agissait pour mon bien et celui de mes frères et de mes sœurs ? Aurais-je pensé que le totalitarisme, c'était pour d'autres pays, et que moi, je reconnaitrais la censure et la propagande ? Aurais-je dénoncé mes voisins et ridiculisé les « complotistes » ?

Me serais-je méfiée des décisions gouvernementales au moment où nous avons perdu le droit de nous réunir, le droit de manifester, le droit d'exercer librement nos métiers, le droit de voyager, le droit de naître et de mourir dignement ? Me serais-je retirée dans mon petit chez-moi, avec ma petite famille, en attendant que la tempête passe pour, quand tout serait fini, secouer la tête et hausser les épaules ? Aurais-je été parmi ceux que l'on obligeait à défiler devant les cadavres des camps de concentration pour qu'ils comprennent enfin ce qui s'était passé ? Mon Dieu, comment tout cela a-t-il été possible ? Qu'aurais-je répondu aux survivants et aux enfants des générations suivantes : Et toi, tu as fait quoi pour éviter cette situation ?

Une chose seulement est sûre : aujourd'hui, nous ne pourrions pas dire que nous ne savions pas. Nous pouvons savoir ce qui se passe - malgré la censure, malgré la suppression des vidéos et articles contestataires, malgré l'omerta qui est mise sur ceux qui doutent du narratif officiel. Nous pouvons voir qu'avec l'arrestation de Julien Assange le monde a perdu sa liberté d'expression. Nous pouvons nous demander pourquoi tous les médias déchirent à une seule voix le film *Hold-Up* qui dévoile les arrière-plans de la soi-disante pandémie. Nous pouvons savoir que nos médias sont des porte-paroles de gouvernements qui eux-mêmes n'ont plus de pouvoir réel. Nous pouvons voir que ce sont la haute finance et l'industrie de la communication qui gouvernent le monde. Nous pouvons savoir que nos gouvernants ne sont pas élus par nous, mais désignés lors des huis-clos d'associations privées. Et nous pouvons aussi savoir que le plan pandémique que nous suivons actuellement a été élaboré par le scénario *Event 201* à la fin de l'année 2019. Tout ceci est bien connu. Il suffit d'aller voir sur les sites correspondants. Ce ne sont pas des secrets. Il n'y a pas de plan caché. Tout est bien visible pour ceux qui s'y intéressent.

Alors, qu'attendez-vous, activistes, politiques, philosophes, artistes, universitaires, étudiants, retraités, travailleurs, agriculteurs, commerciaux, chercheurs, gens de droit ? En route, gens courageux, honnêtes, intègres, dignes et responsables ! Regardons ce qui se passe dans d'autres pays. En Allemagne, ce pays plutôt frileux quand il s'agit de descendre dans la rue, toutes les semaines, dans les grandes et les petites villes, il y a des gens qui témoignent paisiblement et avec beaucoup de respect de leur désaccord. Ils continuent malgré les agressions, les diffamations et les tentatives de les faire passer pour des extrémistes. Ils se promènent avec des bougies et avec la loi fondamentale dans la main, ils chantent, méditent et prient : s'il vous plaît, rejoignez-nous ! Ne nous laissez pas seuls ! Arrêtez de croire les sirènes médiatiques et les politiques arbitraires, ne succombez pas à la peur, cette grande force séparatrice, source de tous les maux. Engageons-nous ensemble pour une vie en liberté et une société juste où tout le monde a sa place.

Démons intérieurs

Pour arriver à la source, il faut nager contre le courant. Il en faut du courage et de la force pour dire son désaccord quand la majorité va dans un autre sens. C'est très inconfortable. Nous pouvons nous sentir incompris et jugés et nous risquons de nous trouver seuls. Être exclu du collectif est une des pires souffrances pour l'être communautaire que nous sommes. Quelque chose pourtant nous réunit tous : Nous avons tous un deuil à faire. Quelque chose est irrémédiablement perdu pour nous tous. Quelle que soit notre attitude dans cette histoire : nous pleurons tous les occasions de rencontres perdues. Si nous ne descendons pas du train, nous serons tous transportés vers un monde où ce ne seront plus la sympathie et les affinités qui nous réuniront mais les mises à jour de nos carnets de santé. Masque ou pas masque ? Positif ou négatif ? Vacciné ou pas vacciné ?

Est-ce vraiment ce que nous voulons ? Qu'aurait fait Coluche dans cette situation ? Aurait-il accepté de se faire museler sous prétexte de « protéger les autres » ? Aurait-il cru que les mesures sont prises pour les plus faibles de la société ? Ne se serait-il pas méfié d'un système qui, plus que jamais, sacrifie « ceux qui ne sont rien » ? Qu'aurait chanté Brassens ? Brel ? Gainsbourg ? Auraient-ils composé des chansons sur les « bons gestes » et le slogan « tester, alerter, protéger » ? Où y auraient-ils vu tout un autre sens ? Les aurions-nous écoutés, eux, s'ils avaient protesté ? S'ils avaient mis en question nos certitudes, les aurions-nous traités d'irresponsables, de dangereux, de conspirationnistes ?

Une chose est certaine : Si l'autre me choque avec ses idées, je sais qu'il a touché un point sensible en moi. Car si ce n'était le cas, je l'écouterais tranquillement. Si l'autre m'offusque juste parce qu'il n'est pas du même avis que moi, j'ai alors des questions à me poser. Peut-être moi aussi, au fond, j'ai quelques doutes, mais je n'ose pas l'admettre car cela ferait trembler ce que j'ai bâti dans ma vie. Peut-être, avec mon travail et mes activités, je soutiens directement ou indirectement ce qui est mis en question. Peut-être ma carrière en dépend. Peut-être je ne suis pas si sûr de moi, peut-être moi aussi, j'ai très envie de vivre une autre vie, mais je ne sais pas comment y arriver. Quelle que soit la réponse : si je m'énerve, il y a quelque chose qui cloche.

Vu le nombre de cloches qui sonnent aujourd'hui partout, nous pouvons supposer qu'une bonne partie de l'humanité est en train de douter, en conscience ou inconsciemment. Nous nous trouvons tous devant un des plus grands défis de notre vie : CHANGER. Changer quelque chose dans notre vie - quelle montagne ! Déjà sortir sans smartphone, jeûner pendant un jour, prendre le café après la douche et non avant peut nous sembler aussi difficile que de gravir l'Everest en tongs. Qu'est-ce que nous pouvons nous accrocher à nos habitudes ! Elles nous réconfortent tellement ! Tout va bien, nous disent-elles. Tant que tu peux boire ton café et manger ton croissant, le monde tourne encore.

Même si quelque chose nous fait mal, nous avons des difficultés à la lâcher. Au moins, nous connaissons notre mal, nous avons appris à vivre avec. Nous pouvons nous sentir attirés par ceux qui nous font mal comme ces employés de banque à Stockholm qui, pris en otage, ont développé de fortes sympathies vis-à-vis de leurs ravisseurs. Nous disposons de grandes énergies qui nous retiennent dans des situations malsaines et nuisibles. Celui qui nous retient en prison, c'est nous. Nous sommes nos propres geôliers. Les malfrats qui nous torturent sont toujours les mêmes, qu'ils aient pris corps ou pas. Ils s'appellent obstination, déni, mépris, cupidité, mensonge, hypocrisie, jalousie, rancœur, indifférence, orgueil, … et ils habitent tous à l'intérieur de nous.

Ils n'ont pas attendu que nous les invitions. Ils se sont installés quand nous étions inattentifs, quand nous nous sommes laissés aller, quand nous avons permis à d'autres de prendre les rênes de notre vie. Ces énergies n'ont pas du tout envie de partir. Comme elles sont bien dans les nids douillets que nous leur avons fabriqués dans nos zones d'ombres ! Elles s'accrochent bien à nous et nous tirent inlassablement vers les mondes inférieurs d'où elles viennent. Quand elles nous voient nous énerver, nous disputer, nous balancer des insultes et des mensonges, elles adorent ! Elles se nourrissent des bouchées de séparation et de division que nous leur jetons dans la gueule. Un regard froid, une remarque méprisante, un claquement de porte leur chatouillent délicieusement les papilles, les tirs de fusils et les bombes sont leur festin et la destruction de la planète entière leur apothéose.

Que voulons-nous ? Nous laisser enfermer encore plus dans la matière la plus noire, ne plus pouvoir bouger dans ce que nous appelons la sécurité – ou commencer à virer tous ces diables ? Ils vont faire du bruit, c'est sûr. Comme le Rumpelstilzchen, le nain tracassin du conte de fées des frères Grimm, ils vont hurler et sauter partout quand nous aurons trouvé leurs noms, avant de disparaître dans les profondeurs d'où ils viennent. Il faut du courage pour affronter ce que nous n'avons pas envie de voir en nous. Mais l'enjeu est à la hauteur de la tâche : devenir bête(s) ou nous lever et prendre conscience de notre grandeur. Singe ou Être de lumière – dans quel sens allons-nous ? Allons-nous trouver le juste milieu entre folie des grandeurs et illusion d'impuissance ? Allons-nous monter sur le fil pour essayer de trouver l'équilibre entre les extrêmes ?

Chevaliers des temps modernes

Pour trouver la sortie d'un problème, il faut être prêt à entrer dedans. Ce qui semble être un paradoxe est la clé de notre guérison individuelle et collective. Nous ne pouvons pas faire disparaître quelque chose dont nous n'acceptons pas l'existence. Comme dans la *Divina comedia* de Dante, la sortie de l'enfer se trouve dans son milieu. Si nous voulons sortir de cet enfer, nous devons apprendre à lâcher nos bonnes intentions et devenir des êtres vrais. Nous avons à abandonner nos idées de progrès et de croissance, arrêter de rêver d'une vie toujours plus longue, toujours plus confortable, toujours plus sûre. Ne prétendons plus vouloir la paix tout en faisant la guerre en imposant nos conditions de paix aux autres. Déposons toutes les armes et prenons en main l'épée du chevalier.

Une épée ne sert pas à combattre mais à nous orienter dans la verticalité. L'épée, c'est nous. Comme Excalibur dans sa roche, ancrons-nous bien dans la terre. Reconnaissons en elle notre mère nourricière et arrêtons de lui faire violence. Accueillons avec gratitude ce qu'elle nous offre en abondance, malgré tout. Faisons la paix avec tous ses règnes : minéral, végétal, animal, humain. Ne les exploitons plus comme des ressources inépuisables mais servons-nous en prenant conscience des liens qui existent entre tout ce qui vit. Nous ne pouvons pas aller bien quand nos frères vont mal. Ensemble, nous formons un tout où chacun a droit à sa place et où chacun a son utilité. Ne vivons plus dans l'exclusivité mais intégrons tout ce qui est.

C'est ainsi que nous pouvons accepter la plus noble des tâches et devenir un lien entre la terre et le ciel. Comme des antennes sensibles, nous captons les énergies d'en haut en d'en bas. A travers nous, le matériel et le spirituel se retrouvent à nouveau. L'équilibre peut se faire, les choses peuvent devenir justes. Le chevalier se met en route. Il reçoit les obstacles sur son chemin non pas comme des pénalisations mais comme des possibilités de grandir et de perfectionner son art de vivre.

Déposer les armes

Nous voilà devant un travail que nous ne connaissons pas : ne rien faire. Baisser les bras, lâcher, se rendre - non pas dans un geste de désespoir, mais de confiance. Ce n'est pas facile pour des Hercules tout en muscles qui ont passé une vie au combat. Nous sommes peut-être encore jeunes et pleins de vigueur. Et pourtant, si nous voulons vivre, nous devons accepter de mourir. La vie inclut la mort. Vivre, c'est naitre et mourir. C'est en nous accrochant à la vie que nous allons la perdre. Les folies transhumanistes qui nous promettent de vivre cinq cents ans, mille ans, nous transformeront en zombies, en morts-vivants, mais n'empêcheront pas que nous trépassions un jour. Tôt ou tard, nous serons confrontés à la disparition de notre corps.

Si Corona nous fait tellement peur aujourd'hui, c'est parce que nous n'acceptons pas l'idée de la mort. C'est ainsi que nous faisons grandir la peur. Elle se nourrit du déni. Si nous voulons dépasser la peur de la mort, il faut y aller : d'accord. J'accepte ma finitude. J'y vais. Je rentre dans l'eau, je me mets sur le dos et j'ai la confiance à l'eau qui me porte si je ne me débats pas. C'est à ce moment-là que nous commençons à vivre entièrement. Je sais de quoi je parle.

Au moment de ma plus grande peur du cancer, j'ai lâché ma propre volonté et je me suis inclinée devant plus grand que moi : *Que ta volonté soit faite*. Je me suis confié à la Vie, à l'Amour, à Dieu – appelons-le comme nous le voulons. A ce moment, la peur a pu partir.

C'était alors le contraire de ce que je croyais jusque-là qui m'a aidé. Je m'étais trompée en voulant lutter, en voulant à tout prix guérir et vivre. Ce n'était pas ce qu'il fallait faire. Nous perdons ce que nous poursuivons et nous aurons ce que nous sommes prêts à perdre. Donne et tu recevras – le paradoxe de Platon nous encourage à ouvrir les mains. Lâche et tu vivras. Lâche comme l'arbre accepte de perdre ses feuilles et ses branches mortes avant l'arrivée de l'hiver. Pose par terre ce qui est en trop, ce dont tu n'as plus besoin, ce qui n'est plus valable. Retourne-toi et prends un autre chemin. Fais l'inverse de ce que tu avais l'habitude de faire. Comme l'arbre, tu porteras de nouvelles fleurs au printemps et tu donneras de nouveaux fruits à l'automne.

En perdant le sens du mystère, nous avons tout transformé en son contraire. Le monde s'est retourné comme un gant. Le beau est devenu laid et le laid est devenu beau, le vrai est devenu mensonge et le mensonge vérité. Le tyran vient déguisé en bienfaiteur et ceux qui le dénoncent sont poursuivis. Si la confusion est totale aujourd'hui, nous avons pourtant gardé une clé qui nous permet de distinguer ce qui est bon et ce qui ne l'est pas. Nous pouvons nous poser des questions. Qu'est-ce qui est nourri : la division ou l'unité ? La guerre ou la paix ? La dépendance ou l'autonomie ? Le stress ou la joie ? Comment je me sens vraiment face à une situation ? Est-ce qu'elle m'aide à m'ouvrir ou est-ce qu'elle m'enferme ? Contrainte ou légèreté ? Angoisse ou sérénité ? Peur ou confiance ?

Je ne suis pas obligé de croire les histoires que l'on me raconte. J'ai le pouvoir de dire *non, je m'arrête ici !* Je ne joue plus à ce jeu-là. Je suis souverain de mon royaume intérieur. C'est moi qui décide de la couleur de mon ciel, du contenu de mes pensées et de mes désirs, c'est moi qui suis responsable de mes sentiments et de mes actes. C'est moi qui décide qui habite chez moi. Anges ou démons ? Je choisis bien qui j'invite et je suis attentif à ceux qui essayent de s'incruster. Mon paysage intérieur, je le veux beau et ensoleillé. J'invite des fleurs et des arbres, des oiseaux et des insectes. Et quand je leur prête mon oreille, je les entends chanter des histoires de chenilles qui se sont libérées de leurs vieilles peaux et de papillons qui savaient déjà avant de sortir de leur cocon qui ils étaient vraiment.

Je décide de ne plus laisser occuper mes pensées par des histoires qui se déroulent loin de moi et de porter mon attention sur ce qui se trouve là où je suis. Qu'est-ce qui se passe ici ? Néanmoins, de près ou de loin : je n'ai pas le pouvoir de changer ni les événements ni les autres. Je ne peux pas changer le monde. Je peux seulement changer mon monde et prendre conscience que ce que je vois à l'extérieur de moi est toujours le reflet de ma propre attitude. Ce sont mes propres jeux d'ombres que je vois projetées sur les murs de la caverne. Le monde extérieur résonne en fonction de ce qui vibre à l'intérieur de moi. Si je veux vraiment changer quelque chose, j'ai à accorder mon instrument et à jouer une mélodie belle et harmonieuse afin que d'autres aient envie de s'accorder à moi.

Tomber les masques

Nous sommes à la fois chef d'orchestre, musicien et instrument. A nous de donner le *La* et de faire ce qui est juste pour nous, sans nous accrocher à un résultat particulier. Nous ne pouvons pas savoir ce que vont devenir les graines que nous semons. Lesquelles vont pousser et porter des fruits ? Il n'est pas en notre pouvoir de le savoir. C'est en obligeant les choses à devenir ce que nous voulons que nous avons créé des cabinets d'horreurs. Nous l'avons fait avec les meilleures intentions : plus de récoltes, plus de richesses, plus de confort, plus de sécurité. Nous avons pourtant fini par tuer la vie. Là où il y avait de la diversité et de l'abondance, nous avons créé des monocultures et des sols de plus en plus appauvris. En oubliant que la création est un acte plein de magie et de mystères, nous avons transformé le vivant en clones et la danse de la vie en une parade.

Devenons aujourd'hui de vrais créateurs : osons l'incertitude. Préparons notre terrain en conscience, exprimons-nous, faisons de notre mieux - et puis lâchons. Arrosons nos graines et inclinons-nous devant ce qui veut pousser. Cet acte de création naturel n'a besoin de personne d'autre que nous. Nous sommes les seuls responsables de ce qui va pousser sur notre terrain. Personne d'autre n'a à nous dire ce que nous avons à faire. A notre naissance, nous avons reçu ce cadeau si difficile à porter et qui nous offre à chaque instant de notre vie la possibilité de choisir : notre libre arbitre. En tant que l'unique responsable de nos actes, de nos paroles et de nos pensées, il n'y a plus de place pour la victime, le bourreau et un sauveur qui nous tirera de l'affaire. C'est fini. Finis les plaintes, les jugements, les bons conseils. Si nous avons toujours la possibilité de demander de l'aide, personne d'autre que nous ne peut résoudre nos problèmes. Nous ne pouvons sauver que nous-mêmes.

Ainsi, nous apprenons ce que veut dire être vrais. Le théâtre grec avait un mot pour le masque que portaient, pendant les représentations, les comédiens : *persona*. Ils savaient faire la différence entre l'individu – l'être indivisible - et les rôles que nous jouons. Aujourd'hui, nous apprenons à faire briller notre façade et à devenir polis. Nous soignons notre paraître, l'image que nous voulons donner, et avons oublié qu'il y a quelqu'un derrière ce masque de la personne. A peine arrivés dans ce monde, nous sommes formatés pour devenir, selon les besoins du système dans lequel nous grandissons, de bons petits soldats, de bons petits manœuvres, de bons petits consommateurs.

Pendant toute notre vie, nous nous comparons aux autres et nous efforçons d'être tout sauf nous-mêmes. Nous voulons être plus performant, plus efficace, plus mince, plus intelligent, plus riche, plus beau, plus reconnu, plus aimé. Ainsi, nous vivons dans un sentiment de manque permanent. Ce n'est jamais assez. Il peut toujours y avoir plus. Au lieu de nous intéresser à qui nous sommes, nous consommons ce que les sirènes du marketing tentent de nous vendre pour nous faire supporter notre condition.

Pour leur échapper, nous avons la possibilité de nous attacher au mat de notre navire comme Ulysse au moment de son retour de la guerre. Prenons conscience du danger que nous courons, soyons au courant de ce qui se passe comme le Bouddha en méditation, et posons notre attention sur ce qui est vraiment important : notre état intérieur. La méditation nous aide à comprendre. Nous nous posons, s'il le faut au milieu de la tempête. Les émotions passent. Nous faisons connaissance. Acceptons leur couleur. N'essayons pas de les changer. Goûtons. C'est amer. Ça brûle. C'est étouffant. Soit. Accueillons. Disons oui à ce que nous pouvons ressentir. Et puis, ouvrons les yeux.

Entre deux

Si nous avons réussi à transformer un paradis en enfer, nous avons la possibilité de faire l'inverse maintenant : transformer un enfer en paradis. Nous avons ce pouvoir. Nous sommes les créateurs de notre réalité. Nous avons le pouvoir d'orienter les voiles de notre navire vers des objectifs clairs et lumineux et de décider comment prendre le vent et les vagues. La même situation peut nous paraître comme la fin du monde ou comme le début d'une nouvelle vie. Corona peut signifier la disparition de l'humanité ou la naissance d'une humanité libérée. A chacun de nous de choisir son orientation.

Ne nous occupons pas des voix qui tentent de nous décourager et concentrons-nous sur le gouvernail entre nos mains. Ne perdons pas de vue l'horizon. Descendons le pavillon des pirates et hissons le drapeau blanc de la paix. Rendons-nous à la Vie. Envoyons nos vieux démons dans la lumière et invitons tout ce que nous pouvons imaginer de plus beau : la tendresse, la bonté, l'amour, le pardon, la grâce, la sérénité, la confiance, la patience, le courage, la fraternité, le partage, la joie, l'enthousiasme, la légèreté, la poésie. Invitons-les à vivre avec nous. Donnons-leur envie de venir nous voir en leur préparant une maison accueillante. Rendons notre espace intérieur le plus beau et le plus ouvert possible pour eux.

C'est ainsi que Corona peut s'avérer être l'annonce d'un véritable couronnement. Nous acceptons que nous ne sommes ni des géants, ni des nains, ni des super-héros, ni des loosers. Nous sommes des chevaliers qui font de leur mieux en servant les desseins les plus nobles en connaissance de leurs limites. A la fois intrépides et humbles, nous savons nous incliner et nous relever. L'épée en main, le chevalier n'est pas en quête de gloire ni de profit. Il cherche à libérer des trésors cachés et des princesses en détresse pour le bien de tous.

Il le fait pour l'amour du bien. Jamais son libre arbitre ne le quitte. Il sait qu'il a toujours le choix et que l'aventure ne s'arrête jamais. Ses démons ne sont pas morts. La bête sous le pied de l'archange est seulement immobilisée. A chaque instant, elle peut mettre le chevalier au défi. C'est cela, la condition de sa vie, le prix à payer pour sa liberté. Il sait que son chemin est caillouteux, qu'il risque de trébucher et de tomber quand il lève un pied pour avancer. Il accepte de tomber comme l'enfant qui tombe mille fois avant de rester debout. Il sait que l'équilibre n'est jamais acquis. C'est le mouvement qui lui donne sa stabilité.

Toujours en chemin, son épée ne lui sert pas à tuer mais à trancher : oui ou non ? Vrai ou faux ? Sombre ou lumineux ? Entre les deux pôles, nous trouvons notre orientation : chaud et froid, haut et bas, jour et nuit. Nous avons besoin de l'un pour reconnaître l'autre. Mais nous ne devons pas faire l'expérience de la haine pour savoir ce qu'est l'amour.

Le violeur n'est pas un éveilleur de tendresse et le soldat n'est pas un messager de la paix. Le chevalier sait : dans une civilisation qui a transformé la nuit en jour et le jour en nuit, l'été en hiver et l'hiver en été, nous nous sommes perdus dans la confusion entre polarité et dualité. Nous pensons que la guerre est nécessaire pour garantir la paix, ou pire, que ceux qui sont assassinés aujourd'hui était les coupables dans une autre vie.

La bonne cause justifie tous les moyens. Ne sommes-nous pas trop sur cette planète ? Tant mieux s'il y en a qui meurent. En confondant problème de surpopulation et problème de production et de consommation, les plus cyniques d'entre nous, après avoir mis le feu à la planète entière, se donnent bonne conscience en parlant de « sélection naturelle ». Qu'a-t-elle de naturelle, l'exploitation ? se demande le chevalier. Pourquoi ce ne seraient pas ceux qui pensent que nous sommes trop nombreux et qu'une bonne guerre mettrait bien les pendules à l'heure qui partent les premiers ? Ceux qui parlent de cette humanité ratée qui a bien mérité de disparaître de la surface de la terre ? Seraient-ils prêts à se laisser, eux et leurs familles, affamer, noyer et abattre ? Ou ce n'est pas à eux-mêmes et à leurs familles qu'ils pensent mais aux autres qui vivent là-bas, dans les anciennes colonies ? Le chevalier est tout songeur. Ne serait-il pas juste que ce soit à ceux qui ont pillé, dominé et mis en esclavage, qui ont imposé leurs lois et leur manière de penser partout, à faire le premier pas ? Ne serait-il pas temps que l'homo industrialis cède la place à l'homo naturalis ?

Traverser le voile

Nous voilà devant un grand pas à faire : changer de civilisation, comme le disent Edgar Morin et Pierre Rabhi, ces grandes voix qui ont traversé presque tout un siècle. Pour faire ce pas, il ne suffit pas d'analyser la situation, de se plaindre de l'ancien et de lutter contre un ennemi quelconque. Rien ne changera si nous en restons là. Il nous faut plus que quelques leçons d'histoire et de grandes idées. Il nous faut de la poésie, de la beauté et le courage de rêver. Il nous faut un miracle. Nous ne savons pas. Tout est imprévisible. Dans le chaos que nous traversons actuellement, nous ne voyons pas bien. Pour ne pas nous prendre les pieds dans les marasmes, ne pas nous cogner la tête et nous érafler la peau, une seule chose à faire : nous rendre souples.

Pour passer de l'autre côté du voile de l'apocalypse, voyageons léger. Posons nos vieilles valises et inclinons-nous. Soyons flexibles comme le jonc de mer dans la tempête. N'insistons pas, ne nous obstinons pas, ne jugeons pas. Observons ce qui se passe. La vie n'est pas contre nous. Faisons-lui confiance. Souvenons-nous : nous sommes en train de vivre une naissance où chaque part à son rôle à jouer. Tout est juste, parfaitement en place. Ne perdons pas notre temps et notre énergie à vouloir changer les circonstances. Nous n'y arriverons pas. Les forces à l'œuvre nous dépassent et nous n'avons aucune chance de les maîtriser.

Ce que nous pouvons faire c'est prendre notre souffle, de joindre nos mains et de plonger dans l'inconnu. Nul ne sait ce qui nous attend. Si c'est pour vivre quelque chose que nous connaissons déjà, pourquoi y aller ? De nouvelles expériences nous attendent, ne les enfermons pas dans nos vieux concepts. Levons l'ancre et prenons la mer. Allumons la lumière de notre âme et laissons-nous guider par ce que nous avons de plus beau et de plus vrai en nous.

Se changer les idées

Sur la planète terre, il y a de la place pour tous ceux qui respectent les lois et les rythmes de la nature. Qui aurait l'idée de compter les feuilles sur un arbre ou les fleurs dans un champs pour dire qu'il y en a trop ? La nature ne produit jamais trop si on la laisse faire sa vie. Elle a l'intelligence de se réguler parfaitement par elle-même, sans que nous n'intervenions. Elle n'a pas besoin des calculs des humains ni de leurs déchets et de leurs produits recyclés. Elle se passerait bien de notre cupidité et de notre obsession du manque, de notre ignorance, de notre bêtise et de notre hypocrisie qui nous fait inventer toujours de nouvelles expressions prometteuses de bonne conscience comme « développement durable », « énergies vertes » et tous ces mots précédés par « éco ».

Nous nous croyons responsables en consommant des produits « bios » venus de l'autre bout du monde et en achetant des vêtements fabriqués en plastique recyclé. Dans la nature, il n'y a ni recyclage ni progrès. Le vivant n'est pas toujours en croissance. Il y a floraison, fécondation, éclosion, maturation et dormance. La vie est faite de cycles. Chaque chose en son temps. Si nous regardons comment fait la nature, nous ne pouvons pas nous tromper. Elle ne nous ment jamais et nous montre toujours l'exemple à suivre.

Débranchons-nous de nos appareils smart et allons retrouver l'intelligence de la nature et de la vie. Changeons-nous les idées. Ce sont nos pensées et nos croyances qui nous ont menés vers la destruction de la vie sur terre. Nous sommes en péril car nous nous sommes fait des idées erronées. Nous avons le pouvoir de penser autrement. Commençons par l'idée que la vie n'est pas contre nous. Nous ne serions pas ici si c'était le cas. Puis, acceptons l'idée de mourir : laisser mourir nos anciennes convictions, laisser s'en aller cette ère de la destruction et de la séparation, laisser tomber le masque. Enfin, laissons partir notre corps quand le moment sera venu.

Ce n'est qu'une mort physique, de ce qui est le plus dense en nous. La personne s'en va, l'individu, cette partie en nous qui est indivisible, reste. Seulement la matière est dépendante du temps et de l'espace, pas l'esprit. Les idées, les mélodies, les histoires vivent au-delà des limites spatio-temporelles. Elles sont toujours là. Comme une radio, il suffit d'ajuster ses antennes pour les capter et pour les faire revivre. Tout est là : le souvenir d'un être aimé, le son de sa voix, ses histoires, les grands et les petits personnages de notre histoire commune et tout ce qui n'a jamais été vécu. A nous maintenant : qu'allons-nous léguer à la postériorité ? Quelle seront les fréquences que nous laisserons ? De quoi se souviendra la terre ? De l'argent que nous avons gagné ? De ce que nous avons acheté et jeté ? De nos sourires ? De notre courage, de notre ouverture et notre bienveillance quand tout était en jeu ? Ce ne seront pas seulement nos enfants et nos petits-enfants qui hériterons de ce que nous étions. C'est la terre entière.

Et puis notre âme, ce voile mystérieux, comment continuera-t-elle son chemin ? Sera-t-elle légère et joyeuse après avoir quitté notre corps ? Nous en avons une petite idée quand nous regardons de quoi sont faits nos rêves. Si nous voulons connaître notre état d'âme, intéressons-nous à ce qui se passe pendant la nuit. Ne la laissons pas seule. Intéressons-nous à elle. Nous pouvons lui parler, lui poser des questions. Elle répondra. Et dira toujours la vérité. C'est parce que l'âme ne sait pas mentir que l'on a essayé de la faire taire en nous racontant qu'elle n'existe pas. Jamais nous n'aurions permis la destruction du vivant si nous avions été en lien avec notre âme.

Aujourd'hui, nous avons enfin la possibilité de nous occuper d'elle. Nous pouvons enlever la buée et la suie qui se sont déposées sur elle et la rendre lumineuse, joyeuse, confiante. A nous de décider de son état et de la suite de son voyage. Ne croyons pas, qu'à notre mort, une équipe de nettoyage fera le ménage à notre place. Notre âme ne sera pas toute propre et toute belle de l'autre côté du voile, mais dans l'état dans lequel nous l'avons laissé de notre vivant. Nous avons tort de rêver d'une meilleure vie « après ». Nous n'y trouverons pas le paradis si nous ne l'avons pas trouvé sur terre. Ce que nous n'avons pas réalisé ici, nous ne l'aurons pas non plus « là-haut ». Si nous ne comprenons pas que le paradis se trouve devant nos yeux, nous ne le verrons nulle part.

C'est la deuxième des lois cosmiques d'Hermès Trismégiste, ce grand alchimiste de la Vie : ce qui est en haut est comme ce qui est en bas, ce qui est en bas est comme ce qui est en haut. Nous savons alors ce que nous avons à faire maintenant : se retrousser les manches et faire le ménage nous-même. Faisons-en sorte que notre vie devienne plus belle et notre âme plus joyeuse. Nous avons ce pouvoir ! Nous ne sommes pas impuissants, nous ne sommes pas les victimes des événements, nous participons à leur création ! Chacun de nous est co-créateur du monde dans lequel il vit. Corona est la plus grande des occasions que nous avons de nous libérer enfin de tous ces programmes obsolètes et de leurs copies qui se sont gravés en nous depuis des siècles et des siècles. Nous pouvons maintenant effacer tous ces implants néfastes, ces blessures, ces rancunes, ces hontes et ces culpabilités et offrir un immense cadeau à notre monde et à nous-mêmes.

Le travail est commencé

Confions à la terre toutes ces idées qui nous rendent impuissants, fermés et lourds : nous sommes des pécheurs, il faut nous punir, le paradis est ailleurs, l'homme est méchant, il faut nous formater, nous sommes impuissants, nous n'y pouvons rien, c'est la loi de la jungle, c'est le plus fort qui gagne, l'Homme est un loup pour l'Homme, tout est hasard, il n'y a pas de sens, le ciel est vide, l'humain est un animal, matière et esprit sont séparés, l'âme n'existe pas, nous sommes un rouage dans la machine universelle, les autochtones sont des primitifs, tout est permis, le problème vient de l'extérieur, nous pouvons acheter des solutions, la croissance perpétuelle est possible, il n'y a pas de limites, nous sommes remplaçables, tout est ressource, c'est l'homme qui crée la vie, tout est manipulable, la cause justifie tous les moyens, la vie est dure et injuste, la nature est défaillante, la vie est contre nous, les microbes sont nos ennemis, il faut dominer le vivant, la guerre amène la paix, la médecine industrielle nous guérit, le vaccin prolonge la vie, la science peut nous sauver, l'homme et la femme ne peuvent pas s'entendre, nous sommes trop, les terroristes nous menacent partout, la sécurité avant tout, la surveillance nous protège.

Hasard ou plan diabolique – peu importe. Nos fausses idées ont fini par nous déposséder de tous nos pouvoirs et d'une grande partie de nos droits. Elles ont permis de rendre extrêmement riches quelques clans et d'appauvrir le reste. Pendant que les pauvres d'aujourd'hui sont en train d'être sacrifiés, une nouvelle pauvreté se prépare : la nôtre. Ceux qui suivent sans réfléchir les règles d'aujourd'hui, n'auront plus rien demain. Ils perdront leurs biens dans une crise économique sans précédent, ils perdront leur santé dans l'isolement, empoisonnés par les produits toxiques de la vie moderne et les substances transformatrices des vaccins, et ils perdront leur âme et l'accès à une vie meilleure car ils n'ont pas osé l'imaginer et s'engager dans ce sens.

L'humanité se séparera en deux : ceux qui se laisseront dévorer par la matrice destructrice et ceux qui décident de laisser le monde en perte devenir compost. Ils offrent leurs fausses idées, leurs croyances, leurs vieux démons, leurs illusions, leurs peurs, leur obstination, leur cupidité ; leur présomption, leur culpabilité et leur rancune à la terre qui les transformera en humus. Ainsi, nous redevenons légers. Posons notre fardeau. Le plus grand usurpateur ne peut rien si nous refusons de manger ce qu'il essaye de nous faire avaler. Personne ne nous oblige à nous laisser implanter toutes ces idées de peur, de haine et de division. Nous pouvons nous purger, les recracher, vomir toute cette bile noire et gluante. C'est ce qui est en train de se passer actuellement. Autour de nous, nous voyons toutes ces horreurs qui se sont accumulées en nous depuis si longtemps. Tout vient à la surface, visible aux yeux de tous. C'est dégoûtant, c'est puant, ça fait du bruit, ça fait peur et ça scandalise. C'est normal. Mais rien ne peut arrêter ce processus de la mort de l'ancien et la naissance d'un nouvel être.

Les contractions d'un accouchement font mal et nous avons intérêt à ne pas rester coincés dans le canal de la transition. Rendons-nous le plus souple possible pour glisser de l'autre côté. Le chevalier se trouve ici face au défi de l'humilité. Il doit se faire petit et lisse pour ne pas s'accrocher. Il doit apprendre à pardonner pour se libérer de ce qui a endurci son cœur. Il confie à la terre et au ciel ses rancœurs, ses aigreurs, ses animosités, ses jugements pour ne plus les garder en lui. Ce sont eux qui ont fait que la peur et la haine s'installent en lui. Il lâche ces chaînes qui l'ont attaché pendant si longtemps à une vie qu'il n'avait pas envie de vivre. Ce n'est pas à lui de juger les autres ni de les condamner. Les lois de la Vie s'en chargeront. Il peut les laisser s'en aller. A lui d'ouvrir maintenant les portes de son cœur et d'inviter les autres à y entrer. C'est ainsi que tous peuvent guérir : le chevalier et ceux qu'il avait exclus.

Dans une gravure du Moyen Age tardif un homme est à genoux, tâtonnant. Derrière lui les paysages qu'il connaît, devant lui la dimension qui lui fait apercevoir les roues qui font tourner les mondes. Sa tête et son torse ont déjà traversé le voile. Le plus gros est fait. Le nouvel être est déjà né. Il a déjà accès à sa nouvelle réalité. Il ne lui manque que d'entrer en action et de commencer à créer le monde qui lui correspond. La plus grande partie de l'apocalypse – la traversée du voile de l'inconscient – se trouve derrière nous. Beaucoup se sont déjà réveillés et nous montrent le chemin. Beaucoup ont compris, beaucoup s'engagent corps et âme dans le sens d'une vie plus juste, plus harmonieuse, plus belle. Nous n'avons qu'à nous en inspirer.

En famille

Il nous reste encore un bout de chemin à faire. Les contractions vont et viennent. Les tentacules du vieux monstre sont toujours là et tentent de nous capturer. La confusion est parfaite. Nous ne savons plus comment nous comporter correctement, à quelle vitesse conduire et à combien nous avons le droit de fêter Noël. Systèmes de surveillance, patrouilles, drones et « voisins vigilants » nous poursuivent partout. Les télés publiques font circuler des publicités où les enfants sont culpabilisés pour avoir embrassé leurs grands-parents et des jeux vidéo où on peut chasser et tuer des « covidiots » et des personnes qui font la fête.

En nous laissant embrouiller par l'appel à nos sentiments les plus nobles, nous nous sommes transformés en moutons de Panurge. La situation peut sembler sans issue : ceux qui ont déjà traversé le voile de l'illusion peuvent se trouver découragés et entretenir des idées de violence pour s'en sortir : devenir loup, prendre les armes, verser du sang – et entretenir la machine infernale. Entre loup et moutons, qu'avons-nous comme choix ? Il nous reste celui de l'agneau qui décide de se sacrifier lui-même. C'est le geste le plus grand et le plus noble dont un être humain puisse être capable. De son plein gré, il est prêt à sacrifier son égo.

C'est ce qu'a fait celui qui, selon la cosmologie chrétienne, juive et musulmane est considéré comme le père de notre civilisation. Au moment où Abraham se décide à tuer Isaac, les chaînes sont brisées. Le sortilège est rompu. Père et fils ont la vie sauve. Donne et tu recevras. Le choix d'Abraham a fait du père individuel un père collectif. Ses fils sont aujourd'hui appelés à faire la paix entre eux et à arrêter la machinerie du mal. Il n'y a rien à « sauver ». Nous avons seulement à respecter les lois du vivant. Les arbres repoussent, les eaux et l'air se purifient, les sols sont nourris. Nous n'avons pas à les forcer à nous alimenter, ils le font délibérément. La terre aime ses habitants. Ne l'a-t-elle pas prouvé en nous supportant même quand nous lui faisons du mal ? Serions-nous encore en vie si elle était contre nous ? Cette terre nous aime comme une mère. Gaïa, Prithvi, Pachamama, Cybèle, … - retrouvons le lien avec elle et comprenons qu'elle aussi est un être vivant.

Avec elle, nous retrouvons ce qui est notre famille. Comme dans toutes les familles, il y a des différences et des différends. Nous apprenons à nous écouter, nous osons parler de ce qui nous touche et ce à quoi nous aspirons vraiment. La paix et la liberté ne sont plus des expressions vides de sens car, en échangeant avec les autres, nous nous rendons compte que nous avons tous envie d'harmonie, de reconnaissance, de partage, d'amour et que nous connaissons tous les freins qui nous empêchent de les vivre. Il n'y a pas un qui sait mieux que l'autre. Nous sommes tous des apprentis de la vie, nous avons tous à nous libérer de nos sentiments de culpabilité et de honte.

Réunis ainsi, nous pouvons passer à l'acte et mettre la main à l'œuvre. Dans le monde que nous construisons ensemble, nous n'avons plus besoin de milliers de règles mais de quelques lois fondamentales, dont : ne fais pas à l'autre ce que tu ne veux pas que l'on te fasse. L'être réveillé comprend que tout ce qu'il sème, il va le récolter. Il n'a pas besoin de gendarmes pour le lui rappeler. Il sait se moucher correctement. Mettons-nous à rêver en liberté et tout devient possible. Il est temps de donner libre cours à nos plus belles idées ! Peuplons notre nouveau monde de beauté et de vertus, de joies et de rires, de bonnes fées et de chevaliers. Le chevalier sera toujours en quête d'aventures. Rien n'est plus ennuyeux qu'une promenade du dimanche qui dure. Les obstacles et les défis, il nous en faut. Ce sont eux qui aident le papillon à devenir de plus en plus grand, de plus en plus beau, de plus en plus vrai.

Changer de civilisation

Cette fois, nous avons compris que c'est un jeu fondamentalement paisible. La paix n'a pas besoin de guerre comme la lumière n'a pas besoin de l'obscurité pour exister. C'est l'obscurité qui a besoin d'obstacles qui empêchent la lumière de passer. Les obstacles, c'est tout ce qui est dur en nous, lourd, intransigeant, obstiné, fermé, tous nos « j'ai raison et tu as tort », « c'est de ta faute », « tu es nul », « la vie s'est acharnée contre moi ». La vie n'est pas injuste. Nous sommes injustes en ne pas respectant les lois de la vie et en nous comparant sans cesse aux autres. Pour eux, tout est plus facile, ils ont plus de chance que nous, plus de succès, plus d'argent. Le plus grand obstacle que nous puissions mettre entre nous et la source de lumière, c'est la comparaison. Elle est la plus puissante des forces séparatrices, elle nous rend jaloux, avides, arrogants, cruels et elle empêche que nous nous rencontrions et que nous fassions cause commune.

Dans la spiritualité chrétienne, l'obstacle porte le nom de Satan. Tandis que le diable est la force qui divise, Satan est une sorte d'avocat du diable. Il nous secoue, nous provoque et nous incite à répondre à sa question : es-tu prêt à franchir ce seuil ? Sommes-nous prêts à enlever ce qui nous rend lourds ? Décidons-nous de nous reconnaître dans notre force véritable, dans notre grandeur et nos limites face à plus grand que nous ? Choisissons-nous de nous détourner des forces lucifériennes qui, en créant un univers artificiel, se vantent d'être plus puissants que Dieu ? Si ces trois grandes forces de l'ombre ont leur place dans le monde, ne les laissons pas gouverner. Elles peuvent tenter de nous séduire, de nous manipuler, de nous charmer, de nous faire peur – mais leur pouvoir s'arrête là. Au fond, elles ne peuvent rien car elles sont complètement dépendantes de nos choix.

La lumière n'a pas besoin de l'obscurité. Les forces obscures doivent se dissoudre au moment où nous nous tournons vers la source de lumière. Si elles font autant de bruit aujourd'hui, c'est qu'elles veulent attirer notre attention à tout prix. Elles savent qu'elles ont perdu. Manipulation, censure, confusion, surveillance, mensonges, menaces, contrôles, punitions, pénalisations, violences, fermetures, confinements, masques, vaccins – dans les explosions d'un feu d'artifice, les vieux démons nous montrent encore une fois toutes leurs dents. A nous de décider si nous croyons leur mascarade ou si nous leur tournons le dos : nous avons autre chose à faire.

Nous l'avons compris : dans ce jeu des ombres et des lumières, personne n'a le pouvoir de nous dicter ce que nous avons à faire. Le tyran n'existe pas sans celui qui lui obéit. La plus haute autorité, c'est l'individu. Aucun Dieu, aucun gouvernement, aucun médecin n'a le droit ni le pouvoir de choisir à notre place. Nous sommes les seuls responsables. Nous sommes seuls. C'est un savoir doux-amer que nous livre notre couronnement, à la fois enthousiasmant et terrible. Nous ne pouvons nous reposer sur rien ni personne. Il n'y a que nous. C'est comme si nous posions le pied dans le vide en espérant que le rayon de lumière supporte notre poids.

La transition qui se prépare, que nous la voulions ou pas, que nous la vivions en conscience ou inconsciemment, ne se fait pas avec de lourdes valises. Ne nous encombrons pas et prenons avec nous ce qui, nous l'espérons, pourra donner les plus belles fleurs, les plus belles plantes et les plus beaux fruits. Soyons comme les arbres, ces grands gardiens de notre terre. Nous avons des racines, un tronc, des branches, des bourgeons, des feuilles, des fleurs et des fruits. C'est seulement en déployant nos branches que nous entrons en contact avec le ciel et que nous commençons à sentir que le divin existe. Nos feuilles et nos fleurs nous ouvrent la conscience et invitent les papillons à venir nous féconder. C'est à ce moment que nous pouvons sentir qui nous sommes véritablement.

Ainsi, nous pouvons nous unir à tous les autres et devenir, ensemble, conscients de notre mission sur terre. Nous sommes le lien entre le ciel et la terre. A travers nous, la matière et l'esprit peuvent communiquer, à travers nous, les différentes dimensions du vivant peuvent retrouver leur unité. Notre existence n'est pas anodine. Nous avons de grandes choses à faire, dans l'esprit et dans la matière. C'est le moment de nous souvenir de notre pouvoir créatif, cette force immense qui vit en chacun de nous. Comme l'alchimiste dans son *laboratorium*, lieu de travail et de prière, nous prenons le plomb, ce qui est lourd, dense, banal dans notre vie, non pas pour le jeter mais pour le transformer en or. L'une après l'autre les couches tomberont jusqu'à ce que l'étoile commence à briller dans toute sa splendeur.

Universum par Camille Flammarion